순│수│문│학│의│가│치│를│공│유│하│는│창│작│글│모│음

종합문예지 「청목」
문학고을선집

JN419361

2025
제19호

문학고을

종합문예지 「청목」 문학고을선집 2025 제19호

종합문예지 「청목」
문학고을 선집 2025 제19호

발행일 | 2025년 9월 30일

발행인 | 조진희
편집인 | 조현민
발행처 | 문학고을 출판사

주소 | 경기도 부천시 오정구 성곡로 16번길 7, 901호
서울사무실 | 서울특별시 강남구 학동로38길 38 (논현동), 204호
전화 | 02-540-3837
홈페이지 | www.문학고을.com
이메일 | narin2115@naver.com
등록 | 제2020-111176호

ISBN 979-11-92635-35-4 03810
ISSN 2799-9904

종합문예지 청목 제19호를 맞이하며

　가을 초입, 사색의 계절에 문단의 '종합문예지 청목 19 가을호'를 통해 독자 여러분께 선보입니다.
　계절이 주는 풍요로움 속에서, 우리는 수많은 이야기를 만나고, 지나간 시간을 되돌아봅니다.

　이번 가을호는, 이처럼 찰나의 순간들이 빚어내는 삶의 아름다움과 그 이면에 숨겨진 다양한 서정과 감정들을 한데 모았습니다. 시, 동시, 시조, 디카시 수필, 소설 등에 이르기까지, 각 작품 속에서, 현실 속에 벌어지는 숱한 이야기들을 작가들이 저마다의 방식으로 삶을 노래하고 있습니다.

　문학을 영원히 사랑한다는 말을 문학적 치유의 힘 '영속성과 지속성'을 표현한 것이 아닌가 싶습니다.
　영원히 사랑한다는 말은 절대 변하지 않는 감정을 약속한다기보다는, 그 관계를 행동으로 지키겠다는 다짐이라고 얘기한 '프리드리히 니체'의 말을 상기해 봅니다.

문단이 우뚝 서기까지 초심을 잃지 않고 함께 하고자 하는 가치의 산물이, '종합문에지 청목 19호'로 반증하는 것입니다.

문단의 대표 문학지로 곧 20회 생일을 앞두고 있다고 하니 감개무량하며, 바로 실천적 행동의 공유, 청목 19호 참여를 통한 밀알이 되어주신 기성 작가님들께 깊은 감사의 말씀을 드립니다.

독자 여러분께서도, 이번 가을호를 통해 마음속 깊은 곳에 잠들어 있던 감성을 깨우고, 자신만의 가을 이야기를 완성하는 소중한 계기가 되길 기원합니다. 이 책이 아메리카노 커피 한 잔의 여유와 함께하는 든든한 동반자가 되어 주기를 바라며, 문학고을에서는 앞으로도 작가님들의 수준 높은 좋은 작품과 다양한 콘텐츠로 전국의 수많은 독자 여러분을 찾아뵐 것입니다. 감사합니다.

— 문학고을 회장 · 시인 조현민

| 신입사원 외2편

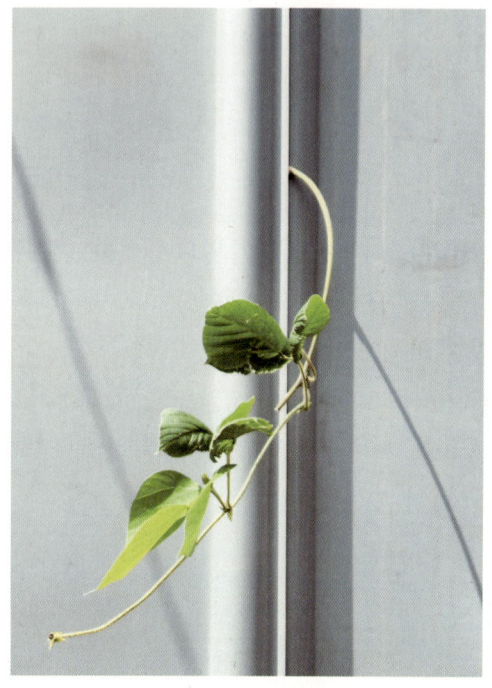

바늘구멍 경쟁 뚫고
실바람에 심장은 떨리고

누군가는 버겁다고 떠난 그 자리
용기 내어 나왔다

*제21회 한국디카시 경시대회 1등 작품상

담현澹弦 김선규

| 협치

서로 인정하는 순간
열리는 상생의 길

살맛 나는 대한민국
민주주의로 가는 동반자

담현 김선규

| 쉼표

경주마처럼 달렸다

멈춰 서니 보이는
내 안의 부호

*제20회 한국디카시 경시대회 1등 작품상

담현 김선규

담현澹弦 김선규

중앙대학교 예술대학원 산업디자인학과 석사 졸업
인덕대학교 디지털산업디자인학과 겸임교수, LG전자(주) 디자인경영센터 책임
연구원, 문학고을 총괄본부장, 문학고을 등단 심사위원 (디카시 부문)
대한민국디자인전람회 초대디자이너 및 심사위원, 대한민국우수디자인 심사위원
한국산업기술기획평가원(Keit) 심사위원, 한국강사교육진흥원 수석위원 및 강사
한국미래융합연구원(KIFC) 회원
〈주요수상〉
제3회 문학고을 청목문학상 (작가대상), 2025. 제1회 평택디카시공모전 입선
2024. 문학의 도시 원주 박경리 디카시 공모전 장려상 제2회 시사불교 신춘문
예 우수상 (디카시 부문), 한국디카시 경시대회 1등 작품상 3회수상 (제9회, 제
20회, 제21회), 2023 대한민국 디자인대상 대통령상
2023 문학고을 신인문학상, 시 부문 등단, 2022 대한민국 100인 대상 산업디
자인부문 우수대상, 2019 세계 3대 디자인상 석권 (독일 IF, 독일reddot, 미국
IDEA), 2019 대한민국 우수디자인 대통령상 (롤러블 TV 디자인), 2011 대한민
국 우수디자인 대통령상 (냉장고 디자인)
〈저서〉
『내 안에 꽃으로 핀 그대』 (윤보영 시인학교 10인 공저 시집), 『문학고을 선집
제9집~18집』 (공저 종합문예지), 『발견은 기쁨이다 2』 (공저)
『서울시 고등학교 제품디자인 교과서』 (공저)
이메일 - kimseonkyu@daum.net

| 쿵 외 2편

개울에 떨어진 별 하나
동심원 속으로 가을이 떨어지는 소리
덩달아
나를 겨울로 떠미는 소리

염혜원

| 틈

울퉁불퉁한 시간을
밀어올려

잊힌 자리에서
봄을 꺼내더라
너는

염혜원

| 잉태

수천만 년
품어 낸
심장 소리

그게 너였다고

염혜원

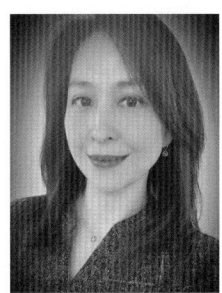

염혜원 시인

중앙대학교 예술대학원 문예창작전문가과정

《세계디카시》 편집장
한국디카시인협회 사무차장
문학고을 기획본부장 / 서울지부 지부장
문학고을 등단 심사위원(디카시 부문)

문학고을 청목 문학상
문학고을 최우수작가상
문학고을 등단 시 부문 신인문학상

제8회 [시와경계] 디카시 신인우수작품상
제1회 영등포 디카시 공모전 입선
제7회 경남고성국제한글 디카시 공모전 우수상
제9회 이병주하동국제문학제 디카시 공모전 우수상
제6회 한국디카시경시대회 1등 작품상

〈저서〉
문학고을 선집 6집 ~ 18선집 공저
『시향』『향촌의 사계』 공저

| 오늘도 외 1편

굽은 등 위로
세월은 조용히 흐르고
백발이 된 어머니 발끝에
백합의 향이 머문다

김다령

| 한숨

매일 치솟는 온도계
오늘도 폭염 주의보
어떡하냐… 또 공쳤다

김다령

김다령 시인

한국사진작가협회 정회원
2021년 예술인 등록
2022년 사진기능사 취득
2025년 6월22일 의정부예술의전당 2관
디카시 개인전
2025년 문학고을 신인문학상 수상
2025년 문학고을 등단 디카시 부문

| 무정설법 외1편

고요히 손 모은 숲
소리 없는 설법이 흐른다

바람도 숨죽인 채
묻지 않고
듣는다

이정경

| 숨구멍

언제나 늠름했지
괜찮다 했었지

켜켜이 쌓인 아픔이
땅속에서 밀어 올린
늙은 관절들

이정경

이정경 시인

1965년 경남 하동군 출생.
하동군 문인협회 회원.
디카시 전시회 등에 활발히 활동 중이며
자연과 일상의 풍경을 디카시로 담아내고 있다.
2025년 문학고을 신인문학상을 수상 하였으며
디카시 부문 등단을 했다.
2025년 평사리문학대상 디카시부문 장려상
공저 - "종합문예지 청목"
이메일 - ljk 2919@ hanmail.net

| 서성이는 빛 외1편

날지 못한 날개가
가로 등 위에 앉아 있다
저물다 만 하루는
불빛을 더듬으며
하늘빛에 걸려 멈추었다

이제성

| 식은 커피잔

텅 빈 커피잔 속에 앉은 그림자
식은 체온 남은 테이블
유리창 빗방울에 번지는 불빛
기억은 식은 향기만 남겼다

이제성

이제성 시인

충북 보은 출생
방송통신대학교 법학과 졸업
방송통신대학교 중어중문학과 졸업
공무원 정년퇴직
문학고을 신인문학상 수상
문학고을 등단 디카시 부문
2025 유네스코 세계유산 서천갯벌디카시 전국공모전 동상 수상

디카시 서평

염혜원

일상이 예술이 되고, 예술이 일상이 되는 디카시
─삶의 여정과 공존, 담현 김선규 시인의 디카시 수상
작 감상

우리는 일상에서 무심히 지나치는 풍경들을 얼마나 자
주 마주하는가?!
길가의 그림자, 운동화 한 켤레, 회색 벽 틈의 작은 풀
잎… 눈길 한 번 주지 않고 스쳐 지나가는 것들이다. 그
러나 누군가는 그 장면 속에서 삶의 의미를 발견하고, 짧
은 언어로 응축해 다시 우리에게 건넨다. 디카시는 바로
그런 예술이다.

디카시는 사진과 짧은 언술이 만나 이루어진다. 사진
은 일상의 현상을 기록하지만, 디카시의 세계에서는 단
순한 기록을 넘어 영상 기호가 된다. 언술은 그 기호에
의미를 불어넣어 짧고 함축적인 문장으로 새로운 울림을
만들어낸다. 이 만남이 곧 '사진과 문장의 화학작용'이
며, 독자는 그 속에서 일상이 예술로 승화되는 순간을 경

험한다. 또한 디카시는 설명문이 아닌 시적 언술이어야
하며, 짧은 호흡(5행 이내)의 언어 속에 압축과 여백의
미학을 담아내야 한다

　이번에 소개하는 작품은 한국디카시경시대회에서 세
차례나 수상한 김선규 시인의 디카시 3편이다. 그의 작
품은 생활 속 작은 장면에서 사회적, 철학적 의미를 끌어
내는 힘을 보여주며, 디카시의 본질을 잘 드러낸다. 「징
검다리」, 「협치」, 「신입사원」은 모두 '길'을 주제로 하
고 있으며, 우리 삶이 지향하는 방향과 관계의 가치를 압
축적으로 담아내고 있다.

　1) 징검다리 / 담현 김선규

꿈과 도전을 향해 미래를 열어 가는 길
징검다리 놓아주고 우산이 되어 주는
부모 마음은 다 그런 거래요
　　　　　　 - 김선규 「징검다리」

　하늘에는 우산이 주렁주렁 걸려 있고 땅에는 그림자가 징검다리로 자리한다. 맨 앞 그림자에 아이의 예쁜 신발 한 짝이 전방을 향해 있는 것도 이채롭다. 이상옥 교수는 이를 두고 "영상기호가 환기하는 것은 아이를 향한 부모의 마음인데, 이걸 징검다리와 우산으로 메타포(은유)화한 것이 압권이다"라고 평했다.

　부모는 아이가 도전의 길을 건널 수 있도록 다리를 놓아주고, 동시에 우산이 되어 보호한다. 아이는 그 발판을 딛고 성장의 길을 내디딘다. 짧은 시적 언술은 부모의 헌신과 자녀의 도전이라는 삶의 보편적 구조를 압축해 내고 있다. 마지막 문장은 개인적 체험을 넘어 모두가 공감할 수 있는 진실로 확장되며, 독자에게 따뜻한 울림을 준다.

　2) 협치 / 담현 김선규

서로 인정하는 순간
열리는 상생의 길

살맛 나는 대한민국
민주주의로 가는 동반자
　　　　　－김선규「협치」

　두 켤레 운동화가 마주 선 사진은 단순한 생활의 기록 같지만, 언술은 이를 상생과 민주주의의 상징으로 확장하고 있다. 이상옥 교수는 "국론이 크게 양분된 오늘, 지도자와 국민 모두에게 필요한 것은 함께 걸어가야 하는 협치이며, 짝짝이 운동화를 통해 우리 시대의 중심 담론을 읽어낸 것만으로도 이달의 작품상을 받을 만하다"고 평했다.

　사적인 이미지가 공적인 메시지로 확장되며, 개인의 발걸음이 사회적 행보로 격상된다. 이는 디카시가 단순한 감성의 기록을 넘어 시대와 사회를 담아내는 공공의 언어가 될 수 있음을 보여준다. 작은 일상의 이미지가 사회적 의미망으로 열려가는 지점, 그것이 바로 디카시의 힘이다.

　3) 신입사원 / 담현 김선규

바늘구멍 경쟁 뚫고
실바람에 심장은 떨리고

누군가는 버겁다고 떠난 그 자리
용기 내어 나왔다

       −김선규 「신입사원」

  회색 벽 틈새에서 고개를 내민 연약한 덩굴은 존재의
불안정함과 동시에 생명의 끈질김을 보여주고 있다. 사
회 초년생의 두려움과 설렘을 함께 보여준다. 김남호 평
론가는 "이미지를 감각적으로 포착하고, 그것을 함축적
이면서도 구체적으로 언술한 점에서 디카시의 창작 원리
에 가장 충실했다"고 평가하며, "읽는 순간 뚜껑이 맞아
떨어질 때처럼 '딸깍' 하는 느낌이 들었다"고 덧붙였다.

버려진 자리에 용기 내어 나온 존재는 불안과 희망이 교차하는 청춘의 모습이다. 사진이 보여주는 현실의 차가움과 언술이 불어넣는 낙관성이 만나면서, 독자는 새로운 출발의 떨림과 용기를 함께 체험하게 된다.

김선규 시인의 세 작품은 모두 길이라는 이미지를 통해 삶의 다양한 관계를 드러내고 있다. 「징검다리」는 부모와 자녀의 관계를, 「협치」는 개인과 공동체의 관계, 「신입사원」은 개인과 사회의 관계를 보여주고 있다. 이세 가지 관계는 인간 삶의 근원적 지층을 이루며, 작품들은 단순한 생활의 기록을 넘어, 삶의 여정과 함께 살아가는 길의 의미를 형상화하고 있다.

디카시는 사진과 짧은 언술로 일상의 풍경을 의미의 장으로 바꾸는 예술이다. 한 장의 사진과 5행 이내의 언술이 때로는 한 권의 책보다 더 깊은 감동을 전한다. 김선규 시인의 작품 역시 일상의 순간을 시로 바꾸어내며, 일상이 예술이 되고 예술이 일상이 되는 디카시의 아름다움을 증명한다.

염혜원 시인

중앙대학교 예술대학원 문예창작전문가과정

《세계디카시》편집장
한국디카시인협회 사무차장
문학고을 기획본부장 / 서울지부 지부장
문학고을 등단 심사위원(디카시 부문)

문학고을 청목 문학상
문학고을 최우수작가상
문학고을 등단 시 부문 신인문학상

제8회 [시와경계] 디카시 신인우수작품상
제1회 영등포 디카시 공모전 입선
제7회 경남고성국제한글 디카시 공모전 우수상
제9회 이병주하동국제문학제 디카시 공모전 우수상
제6회 한국디카시경시대회 1등 작품상

〈저서〉
문학고을 선집 6집 ~ 18선집 공저
『시향』『향촌의 사계』공저

시론 2)

조현민

자유시의 개념과 특징

자유시는 정형시나 운율의 규칙에서 벗어나 자유로운 행, 연, 내재율을 갖는 시 형식이다.

행 길이와 운율, 시각적 배치 등이 시인의 자유에 따라 다양한 방식으로 나타나며, 현대시에 주로 쓰인다.

주제나 대상에 제한 없이 감정, 사상, 순간적 이미지 등 어떤 것도 소재가 될 수 있다.

자유시의 대표 사례와 시평
백석의 '나와 나타샤와 흰 당나귀'

백석은 1930~40년대 한국 모더니즘 시단에서 독특한 자리를 차지한 시인으로, 특히 토속적 언어와 자유시 형식으로 잘 알려져 있다.

대표작 중 하나인 〈나와 나타샤와 흰 당나귀〉는 저작권이 이미 만료되어 전문을 소개 가능.

'나와 나타샤와 흰 당나귀' / 백석

 (1938)

가난한 내가
아름다운 나타샤를 사랑해서
오늘밤은 푹푹 눈이 나린다

나타샤를 사랑은 하고
눈은 푹푹 날리고
나는 혼자 쓸쓸히 앉어 소주(燒酒)를 마신다
소주(燒酒)를 마시며 생각한다

나타샤와 나는
눈이 푹푹 쌓이는 밤 흰 당나귀 타고
산골로 가자 출출이 우는 깊은 산골로 가 마가리에 살자

눈은 푹푹 나리고
나는 나타샤를 생각하고
나타샤가 아니올 리 없다

언제 벌써 내 속에 고조곤히 와 이야기한다
산골로 가는 것은 세상한테 지는 것이 아니다
세상 같은 건 더러워 버리는 것이다

눈은 푹푹 나리고
아름다운 나타샤는 나를 사랑하고
어데서 흰 당나귀도 오늘밤이 좋아서 응앙응앙 울을 것이다

이 시는 백석 특유의 토속어와 단순한 어휘로 이루어져 있지만, 단순한 만큼 더욱 절절한 정서를 전달한다.

1) 주제 의식

가난한 현실과 이룰 수 없는 사랑, 그리고 그 고독을 눈 내리는 풍경과 함께 노래한다.

나타샤는 실제 인물이라기보다 이상적이고 동경적인 존재로 읽히며, 현실의 고통에서 벗어나고 싶은 시인의 내적 욕망을 상징한다.

2) 형식적 특징

전통적인 율격을 벗어난 자유시 형식으로, 반복되는 "눈이 푹푹 나린다"라는 구절이 리듬을 만든다.

단순하면서도 리드미컬한 반복이 시인의 고독과 체념을 강화한다.

3) 이미지

눈, 흰 당나귀, 벌판 등의 이미지는 순수, 고독, 무위無爲를 상징한다.

특히 "응앙응앙 울을 것이다"라는 종결부는 삶의 목적과 방향을 잃은 당대 지식인의 절망감을 드러낸다.

4) 감상

백석의 시는 서정적이면서도, 토속적이고 역사적 배경이 일제강점기라는, 시대적 아픔이 배경으로 깔려 있다.

단순하지만 정직한 언어를 통해 독자에게 깊은 여운을
남기고 있다.

〈총평〉

백석의 '나와 나타샤와 흰 당나귀'는 가난한 예술가적
자의식과 사랑에 대한 갈망, 그리고 그것이 결국은 현실
에서 무화될 수밖에 없는 한계를 압축한다. 그러나 그 한
계가 단순한 절망으로 닫히지 않고, 환상적 이미지(나타
샤와 흰 당나귀)로 승화됨으로써 시는 아름답고도 쓸쓸
한 여운을 남긴다.

사물시의 개념과 특징

사물시는 관념보다는 구체적 사물에 집중하여, 사물의
존재와 본질을 언어로 감각적으로 재현하는 시적 흐름을
말한다.

시적 자아가 직접 사물을 경험하고 관찰하면서, 사물
의 생생한 이미지를 바탕으로 창작한다.

형식은 자율적일 수도, 정형시일 수도 있지만, 핵심은
사물 자체에 대한 고찰이다.

자유시는 형식적 자유를, 사물시는 대상에 대한 시적
태도를 강조하는 것으로, 두 시는 소재와 창작 표현적 성
격에서 본질적 차이를 지닌다.

사물시의 예시와 시평

비누 4 / 청목 조현민

손끝에 미끄러지듯 다가와
살갑게 아침 인사 건네고
엷은 잔향 품은 사위어진 백설기
헌신과 희생만이 존재할 뿐
생의 이력은 없다

한평생 땀과 체취만을 흠모하며
아낌없이 사랑했을 뿐
초췌히 말라가는 수분 빠진 육신
다채색의 향기는 내 삶의 교향곡

세월 속 포말泡沫 토해내도
흐르고 흘러감에 익숙할 뿐
샤워기 물줄기는 내 삶의 동지
베풂과 사랑은 일상의 행복

몽실한 안개꽃에 정신 혼미해도
베풂 속 행복했던 삶의 이력
근육살 빠진 몸뚱어리 하수구 속
고운 눈가루 뿌려지고 있다
        (문학고을 회장 조현민)

〈시평〉
이 시 '비누 4'는 일상적 사물인 비누를 통해 헌신과 소멸, 그리고 사랑과 베풂의 의미를 풀어낸 사물시. 비누라는 사소한 물건을 의인화하여 인간의 인생, 노동, 사랑, 그리고 죽음을 투영하는 방식이 두드러진다.

1) 전체적 인상

시인은 비누를 단순한 생활 도구로 그리지 않고, 한 인간처럼 "헌신과 희생만이 존재"하는 삶의 존재로 묘사한다. 사물의 유한성을 통해 소멸의 미학을 드러내면서, 그것이 곧 인간 존재의 운명임을 은유적으로 보여준다.

2) 주요 이미지와 의미

"엷은 잔향 품은 사위어진 백설기"

비누의 흰 빛과 잘게 부서지는 모습을 백설기에 빗대어 순수하고 담백한 삶의 시작을 표현한다. 그러나 "사위어진"이라는 표현은 이미 사라져 가는 존재의 허무를 내포하고 있다.

"헌신과 희생만이 존재할 뿐 / 생의 이력은 없다"

사물시적 특징이 잘 드러나는 대목이다. 비누는 자기 자신을 드러내지 않으면서 남을 위해 쓰이고 사라진다. 이는 노동자, 부모, 혹은 평범한 사람들의 자기 소멸적 사랑과도 겹쳐 읽힌다.

"초췌히 말라가는 수분 빠진 육신"

사물의 물리적 소모를 육체적 쇠퇴 이미지와 결합하

여, 인생의 무상함을 강조한다. 소모되는 과정이 단순한 상실이 아니라, "교향곡"처럼 의미로 채워진다는 점에서 삶의 긍정이 드러난다.

"세월 속 포말泡沫 토해내도 / 흐르고 흘러감에 익숙할 뿐"
비누 거품은 덧없음과 함께 익숙해짐이라는 시간의 철학을 담고 있다. 무상하고 부질없어 보이지만, 그것 또한 삶의 일부이자 생활의 의례로 자리한 것이다.

"고운 눈가루 뿌려지고 있다"
끝내 소멸한 비누의 흔적을 눈송이처럼 순결한 이미지로 마무리한다. 마지막까지 희생과 나눔을 전하고 사라지는 존재의 미학을 함축하는 대목이다.

3) 형식적 · 사물시적 특징
사물시답게 비누라는 존재의 본질적 속성(녹아 없어짐, 거품, 향기)을 인간의 삶과 겹쳐 은유적으로 잘 표현하고 있다.
일상 속 작은 사물에서 삶과 죽음, 봉사와 희생 사랑이라는 보편적인 주제를 드러낸 점이 돋보인다
반복되는 "베풂", "헌신", "행복"의 언어는 시인이 세계를 바라보는 윤리적 시각을 드러내며, 단순히 소멸을 허무로 보지 않고 의미 있는 봉헌으로 승화시킨다.

〈총평〉

'비누 4'는 작은 사물이 지닌 소멸의 특성 숙명 무상성을 깊이 있게 응시하면서, 그것을 자기의 소진적 사랑과 베풂의 삶으로 해석한 작품이다. 전체적으로 사물시의 본질 일상의 사물이 인간 삶을 비추는 거울이 됨을 섬세한 시적 진술을 통해 잘 구현하고 있다.

조현민 시인

열린 동해문학 시 등단 문학상 수상, 법대 법학과 졸업 전) 한림실업,
미지상사 대표, 사) 문학 작가회 회원. 대한문인협회 최우수시 선정,
시 낭송 10여 편 유튜브 소개
제1시집-『아름다운 회상』제2시집-『사랑은 당신처럼』
제3시집-『아침을 걸어가는 여자』제4시집 -『플라워 카페에서』
『시작법(시론 기본서)』편저
『시야 놀자! 수필아 춤추자!』편저
(장르별 종합 기본서)

공저-
시인들의 샘터 문학지, 희망봉광장 전자 문학지,
문학고을 시선집 외 다수
문학고을 "종합문예지 청목 및 계간지" 외 다수

현) 문학고을 회장, 문학고을 출판사 대표
현) 문학고을 등단 심사위원

수필론

정혜령

1. 수필의 정의

수필은 개인의 사유(思惟)와 경험을 산문 형식으로 자유롭게 풀어낸 글입니다. 특정한 형식이나 엄격한 논증을 요구하지 않고, 일상적 소재에서 출발해 사적 성찰과 보편적 통찰을 연결하는 것이 특징입니다. 감정 · 기억 · 관찰 · 단상 등이 자연스럽게 흐르며, 글쓴이의 '목소리'(시선 · 어조)가 중요합니다.

2. 수필의 핵심 특징

개인성: 1인칭 관점의 사적 체험 · 사유.

자유로운 형식: 길이 · 구조가 비교적 유연.

서사와 성찰의 결합: 작은 사건 → 장면화 → 의미화(반성)로 이어짐.

구체성: 추상 말고 구체적 이미지 · 감각으로 설득.

문체 · 목소리: 독특한 문체(리듬, 어휘)가 매력 포인트.

3. 수필을 잘 쓰는 방법

1) 소재 발굴: 관찰 → 기록 습관 만들기
일상에서 '사소한 것'에 민감해지세요. (예: 엘리베이터의 광고 문구, 골목의 냄새, 버스정류장의 표정)
스마트폰에 '메모/ 보이스'로 즉시 기록. 하루 1개씩 '특이한 관찰' 적기(50~100자).

2) 중심주제(테마) 설정
소재를 한두 문장으로 요약해보세요: "이 장면이 말하려는 건 무엇인가?"
주제를 너무 넓게 잡지 말고, 작은 깨달음이나 감정으로 좁혀라. 예: '어머니의 손맛' → '기억과 위안의 통로' 처럼.

3) 첫 문장(훅) 구성법
콘크리트한 이미지나 생생한 장면으로 시작하세요.
예: "마지막 버스가 떠난 뒤, 정류장에 남은 담배 연기 하나."
혹은 의외의 진술(짧고 강렬한 문장), 질문, 대사도 효과적.

4) 장면화(Show)
감정·의미를 '서술'하기 전에 장면·행동·감각으

로 보여주기.

구체적 디테일(냄새 · 소리 · 온도 · 질감)을 2~3개 이상 넣어 공감 유도.

5) 연결(사건→연상→성찰)

작은 사건(에피소드) → 개인적 연상(추억 · 비교) → 보편적 성찰(일반화) 순으로 자연스럽게 흐르도록 구성.

연결 부위에서는 전환을 위한 짧은 문장이나 변조(문장 길이 변화)를 활용해 리듬을 만드세요.

6) 문체 다듬기(문장 레벨)

능동태 · 구체적 명사 · 적절한 동사 사용.

불필요한 부사 · 형용사 제거.

문장 길이 다양화: 짧은 문장으로 강조, 긴 문장으로 서술 · 호흡 만들기.

소리 내어 읽어보고 어색한 호흡 · 쉼표 위치 고치기.

7) 비유와 이미지 사용법

새롭고 적절한 비유를 하나만 골라 글 전체에 은근히 반복(모티프)하면 통일감 생김.

비유는 독자의 상상력을 열지만, 과용은 혼란 초래.

8) 결말(마무리) 쓰기

단순 요약 금지. '여운(余韻)'을 남길 것: 질문, 반전,

본문과 미세하게 연결된 이미지의 재등장, 또는 열린 결말.

결말은 중심주제를 다시 환기하되 새로운 관점을 덧붙이세요.

9) 수정 프로세스(3단계)

1차: 구조(서두–전개–결말) 점검 — 주제가 명확한가?

2차: 문장 다듬기 — 불필요한 단어·수식 삭제, 능동적 표현으로 변경.

3차: 소리내어 읽기 & 타인 피드백 — 중복·리듬 문제 발견.

10) 윤리·사생활 주의

타인을 식별할 수 있는 정보(실명·직장·상세 상황)는 동의 없이 노출 금지. 필요하면 익명화·허구화.

4. 실전 체크리스트

첫 문장이 독자의 관심을 끄는가?

장면(이미지)이 최소 2개 이상 구체적으로 제시되었는가?

글의 핵심(한 문장으로 요약)이 분명한가?

불필요한 반복·수식이 제거되었는가?

결말에 여운이나 새로운 관점이 남는가?
누군가의 사생활을 침해하지 않았는가?
소리내어 읽었을 때 호흡이 자연스러운가?

5. 연습 과제

관찰 노트 10일: 매일 200자 이내로 '오늘 본 것 하나' 기록.

첫 문장 만들기 연습: 같은 소재로 5개의 다른 첫 문장 작성(이미지, 질문, 대사, 통찰, 놀람 중 각기 다르게).

장면 복원: 1분 관찰 후(길거리 · 카페) 장면을 3문장으로 재현 — 감각 중심.

비유 연습: 일상 사물 5개를 각각 하나의 비유로 표현.

150자 수필: 제한 길이로 핵심만 담기(요약 · 압축 능력 향상).

수정 로그: 한 편을 쓰고 3회 이상 수정해서 변화 기록 (수정 전 · 후 비교).

6. 짧은 예시

버스 창문에 맺힌 빗방울 하나가 내 얼굴과 맞닿을 때마다, 나는 어쩐지 어린 시절로 되돌아갔다. (이미지 · 훅) 손등에 남은 엄마의 반지 자국, 우산 대신 뛰어든 골목, 빗물에 번진 간판 글씨까지 — 작은 것들이 한꺼번에

지도처럼 펼쳐졌다. (장면 · 연상) 그때 알았다. 기억은 거대한 사건이 아니라, 이렇게 사소한 습관들이 이어져 만든 지도라는 것을. (성찰)

7. 자주 하는 실수와 해결법

추상적 설명만 늘어놓음 → 해결: 구체적 장면 · 감각으로 바꿔라.

여러 주제를 한 글에 넣음 → 해결: 주제 1개로 압축.

문장 리듬이 단조로움 → 해결: 문장 길이 · 구조를 섞어 호흡 조절이 필요함.

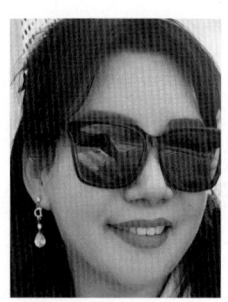

정혜령 시인, 수필가

중앙대 예술대학원 문예창작과정 수료
경희대 대학원 MBA 석사 과정 중
현) 중앙대 문인회 사무차장
현) 문학고을 등단 심사위원
풀잎문학상 수상
빈여백동인문학상 수상
청목문학상 (작가대상)수상
수필집 '행복이라는 주파수에 달콤해지는 인생'

소설론 4章

남기선

1. 소설 창작의 정석

(1) 개 요

소설을 쓰는데 있어서 아무리 주제가 좋고 플롯이 완벽하다 해도 완성하지 않으면 소설이 아니다. 소설은 단편이든 중편이든 장편이든 장르를 가리지 않고 일단 원고가 완성이 되어야 소설이다. 200자 원고지 100매 분량 단편 소설을 쓰는데 있어서 90장을 써놓고 나머지 10장을 쓰지 않아도 소설이라고 볼 수 없다. 그냥 진행 중인 습작품이라 할 수 있다.

'소설 창작의 정석'의 컨셉트는 죽이 되든 밥이 되든 완성을 하는데 골격을 두고 있다. 완성한 후에 퇴고 과정을 거쳐서 소설의 형식에 맞는 작품을 완성해 보자는 것이 컨셉트다.

(2) 소설 그대로 따라 쓰기

일반적으로 미술이나 음악은 단체 교육이 가능하다.

여기서 단체 교육이 라고 하는 점은 구체적인 학습을 말한다. 미술에서 색의 3요소라든지, 음악에서 악보를 읽는 법을 말한다. 문학 교육은 어디 예술 장르처럼 구체적 교육은 불가능하다. 그래서 문학 교육의 현장에서 이루어지는 교육은 대강의 개요만 학습하고 있다.

(3) 왕초보를 위한 신개념 작법

어떠한 일을 망설이는 사람들에게 용기를 주는 말로 '밥이 되든 죽이 되든 노력해 봐' 라는 말이 있다. 성공을 하던지 실패를 하던지 무조건 최선을 다해 보라는 말일 것이다.

이때 결과의 판단은 일단 완성을 한 후에 할 수 있다. 밥을 지어야 밥이 됐는지 죽이 됐는지 알 수 있다는 것이다. 소설도 그렇다. 주제가 있는지 없는지, 구성이 잘됐는지 안 됐는지, 문학성이 있는지 없는지는 소설이 완성된 후에 판단해 볼 문제이다.

당신이 처음 소설을 쓰겠다면 현재 소설을 쓰고 있어도 결과가 지지부진하다면 글을 쓰려는 이유를 '작가가 되기 위해 글을 쓰겠다' 라는 생각으로 바꾸어야 한다.

작가가 되겠다는 생각으로 글을 쓰기 시작하면 당신이 쓰고자 하는 단편이나, 중편, 장편의 완성을 고민하지 않는다. 작품의 질을 생각하며 쓴다.

즉, 문학상에 응모하여 당선이 되겠다는, 출간하여 베스트셀러는 못해도 제법 팔리는 책이 될 수 있다는 생각으로 글을 쓰게 될 것이다.

2. 소설의 소재는 널려 있다.

(1) 개 요

소설을 쓰겠다는 생각을 한다는 것 자체는, 작가가 특별하게 경험한 사건이나 체험이 소설화 할 수 있다는 판단이 들었기 때문이다. 이러한 경우는 경험한 이야기 중에서 소재가 될 만한 것을 찾아내면 된다.

한용환은 "소설학 사전"에서 소재는 "예술 작품을 이루는데 있어서 동원되는 모든 원료의 총칭"이라고 했다. 소설은 앞서 삶과 꿈 사이에 있는 이야기라고 했다. 살아가는데 있어서 모든 경험이 소재가 될 수 있다.

(2) 소설의 소재는 가까울수록 좋다.

소설의 소재는 가까운 곳에서 찾을수록 좋다. 소설이 소재와 거리가 가깝다는 것은 소재에 대한 지식과 경험이 그만큼 풍부하다는 점이다. 소재가 먼 곳에 있을수록 소재를 소화시키기 어렵다. 내가 가장 잘 알고 있는 사건, 내가 충분히 소화해 낼 수 있는 소재일수록 소설 쓰기에 유리하다.

가. 소설의 소재가 가까우면 좋은 장점
① 짧은 시간에 소설을 완성할 수 있다.
② 당신의 능력을 마음껏 발휘할 수가 있다
③ 소설 쓰는 방법을 보다 손쉽게 터득할 수가 있다.
④ 소설을 쓰는데 자신감을 가질 수 있다.

나. 소설의 소재 찾는 방법

소설을 쓰고 싶은데 소재가 생각나지 않을 때는 우선 모티브motive를 찾아야 한다.

모티브는 인간을 비롯한 동물의 내면에서 어떤 목적을 지향하는 행위를 불러 일으키고 이를 지시하는 요인이다. 모티브가 생각이 나지 않는다면 경험들을 순차적으로 써보자.

① 평소 대화를 많이 했던 지인들의 이름을 한 명씩 적어 본다.

(지인들에게 들었던 소재나 지인들과 사이에 있었던 경험들이 떠오르게 될 것이다.)

② 초등학교, 중학교, 고등학교, 대학교. 순으로 기억나는 일들을 적어 본다.

(시대적 사건이나 경험했던 사건들이 떠오르게 될 것이다.)

③ 방안이나 거실, 혹은 창문 밖으로 보이는 풍경이나 사물을 하나하나 적어 본다.

(뜻하지 않은 소재가 떠오르게 될 것이다.)

④ 현재 가지고 있는 문제점이나 희망사항, 꿈들을 한 가지씩 적어 본다.

(사회성이 있는 소재가 떠오르게 될 것이다.)

⑤ 요즘에 일어난 주요 사건이나 관심사가 무엇인지 적어 본다.

(시사성이 강한 소재가 떠오르게 될 것이다.)

⑥ 이 밖에도 영화나 인터넷 ,신문, 시사잡지 등을 통

해서도 소재를 구할 수가 있다.

(3) 소설의 소재 키우기

작가의 경험에 의존하지 않고 소설을 쓰려면 내면 밖에서 소재를 찾아야 한다. 요즈음 사회 구석구석에서 갑질하는 자들이 늘고 있다. 갑질의 횡포가 을에게 주는 영향을 소재로 찾아 보자. 인터넷도 좋고 ,신문도 좋고, TV 뉴스도 좋다.

예) ♠ 모티브: 갑질하는 사회에 '을' 의 혁명

♣ 소재: '갑' 과 '을' 의 관계가 형성이 될만한 곳을 찾아본다.

-백화점의 손님과 직원

-회사의 사장과 직원

-프랜차이즈 회사 본점과 대리점

-원청회사 대표와 하청회사 대표

-허가권이나 감독권을 쥔 공무원과 민간인

-의사와 환자

-장교와 사병

3. 소재 없는 줄거리는 없다.

(1) 개 요

소설의 사건은 주제이며 이야기의 골격이자 소설의 중심 흐름이다. 사건이 어떻게 흐르냐에 따라서 소설의 갈

등이 전개되고 방향이 정해진다.

소재가 현실적이라면 사건은 현실에 허구를 접목한 거짓말 이어야 한다. 소재도 현실적이고 사건도 현실적 이라면 '소설문학'에게 비켜 갔다고 볼 수 있다. 소재가 현실적이라면 사건은 허구가 접목해 있어야 한다.

예) ♣ 현실: 민수와 경미는 우연히 만나 사랑하는 사이로 변했다. 경미가 다른 남자와 팔짱 끼고 가는 모습을 보고 화가난 민수는 이별을 선포한다.

♠ 소설: 민수와 경미는 고등학교 동창으로 죽고 못 사는 사이다.

둘이 결혼을 전제로 사귄다는 말을 들은 경미 엄마의 집요한 반대로 결국 둘은 미국행을 택한다.

(2) 생각나는대로 써라

단편의 분량은 200자 원고지 환산 70~120매까지 이다. 중편은 250매~450매, 장편은 700매~통상 1000매를 예상한다. 단편을 쓴다고 처음부터 구구절절 줄거리를 완성하기는 어렵다.

우선 간단한 줄거리를 만들어서 살을 붙여 가면서 늘려가는 방법이 편하다. 사건을 횡으로 간단하게 메모를 해놓고 생각나는 대로 짧은 스토리(A4 분량 한 매 정도)를 조금씩 살을 붙여 가면 된다.

줄거리를 만드는데 있어서 처음 시작부터 결말 부분까지 소설적인 사건을 만들려면 쉽지가 않다. 그냥 마음 편하게 한 편의 이야기, 즉 스토리를 만들어 보겠다는 생각으로 부담없이 진행해야 한다.

일반적인 소설 작법에서 줄거리를 만들려면 시점, 배경, 인물 등을 염두에 두고 줄거리를 만들기 시작한다.

당신이 초심자라면 시점, 배경, 인물 따위를 철저히 무시해 버리고 그냥 편하게 줄거리를 만들어 보라고 권한다.

(3) 시작이 있으면 끝이 있어야 한다.

줄거리를 만든다는 것은 사건을 만드는 것이다. 사건에 살을 붙여 가는데 있어서 시작 부분과 끝부분은 정확히 인지를 할 수 있어야 한다

설령 시작 부분이 불확실 할 수는 있어도 끝 부분은 나중에 고치는 한이 있더라도 정확히 매듭을 지어 놓아야 줄거리를 만드는데 편하다.

소설을 쓰다 보면 더 좋은 주제나 소재가 떠오르는 경우가 많다. 이때 현재 쓰는걸 포기하고 새로 쓰면 절대로 안 된다. 일단 현재 쓰는 것을 죽이 되든 밥이 되든 완성해 놓지 않으면 다음에도 똑같이 반복을 거듭하게 된다.

남기선 소설가, 수필가

1958년 인천 출생
중앙대학교 사회개발대학원 행정학석사
중앙대학교 국제경영대학원 경영학석사
2022년 7월 문학고을 수필 당선
2023년 5월 월간 시사문단 단편소설 《 代 》 당선
2024년 제19호 봄의손짓 빈여백동인문학지 단편소설 《 등대 》 당선
한국문예창작진흥원 교수
빈여백 동인, 한국시사문단작가협회 회원
한국소설가협회 회원, 한국문인협회 회원
문예창작실기지도사 1급, 을지대학교 겸임교수
연세대 산학협력단, 서울시 인재개발원 강사, 월드로 마켓 대표
〈수상〉
문학고을 문학상(수필). 월간 시사문단 문학상(소설)
제4회 청목문학상(작가대상), 제19회 빈여백동인문학상
서울시장 직무유공 표창, 정부우수공무원 국무총리 표창
〈저서〉《소설 카름》 한국문인협회 (공저)
문학고을 10선집,~ 15선집 (공저)
월간 시사문단 2023. 2월호,~ 5월호 (공저)
봄의 손짓 빈여백동인지 제19호 (공저)
현) 문학고을 부회장 / 수석고문/ 등단 심사위원

AI 시대, 인문학이 더욱 중요한 이유

김선규

우리는 지금 인공지능이 일상을 변화시키는 전환점에 서 있습니다. ChatGPT와 같은 생성형 AI가 등장하면서 번역, 글쓰기, 심지어 창작 영역까지 기계가 인간의 영역을 넘보고 있습니다. 이러한 변화 앞에서 많은 사람들이 묻습니다. "이제 인문학이 필요할까요?" 오히려 그 반대입니다. AI가 발달할수록 인문학의 가치는 더욱 선명해지고 있습니다.

기술 발전이 가속화될수록 우리에게는 본질적인 질문들이 더욱 절실해집니다. 인간이란 무엇인가? 우리는 어떻게 살아야 하는가? 기술과 인간의 관계는 어떠해야 하는가? 이러한 근본적 물음에 답하는 것이 바로 인문학의 역할입니다. AI 시대에 인문학은 단순히 과거의 유산이 아니라, 미래를 설계하는 필수적 도구가 되어야 합니다.

1. 인간 이해의 깊이를 제공하는 인문학

AI가 아무리 발달해도 인간의 복잡한 감정과 경험, 그리고 문화적 맥락을 완전히 이해하기는 어렵습니다. 인문학은 수천 년간 축적된 인간 경험의 보고입니다. 문학 작품 속 인물들의 내적 갈등, 철학자들의 사유 과정, 역사 속 인간들의 선택과 그 결과들을 통해 우리는 인간 본성의 깊이를 탐구할 수 있습니다.

예를 들어, 러시아의 3대 문호, 심리학자이자 소설가인 도스토예프스키의 『죄와 벌』에서 라스콜니코프의 심리적 변화 과정을 이해하는 것은 단순한 문학 감상이 아닙니다. 이는 인간의 도덕적 갈등, 죄책감, 구원에 대한 갈망을 깊이 있게 이해하는 과정입니다. AI가 텍스트를 분석하고 패턴을 찾을 수는 있지만, 이러한 인간 경험의 본질적 의미를 파악하고 현재의 삶에 적용하는 것은 여전히 인간의 몫입니다.

2. 비판적 사고와 윤리적 판단력

AI 기술이 사회 전반에 미치는 영향이 커질수록, 이를 비판적으로 평가하고 올바른 방향으로 이끌 수 있는 능력이 중요해집니다. 인문학적 사고는 단순히 효율성이나 편의성만을 추구하는 것이 아니라, '왜 그래야 하는가'라는 근본적 질문을 던집니다.

철학은 논리적 사고와 윤리적 추론 능력을 기릅니다.

칸트가 제시한 도덕의 최고 원리로, 정언명령定言命令이나 공리주의公理主義적 윤리관을 학습하는 것은 AI 개발과 활용에서 발생하는 윤리적 딜레마를 해결하는 데 직접적으로 도움이 됩니다. 하지만 AI가 개인 정보를 어디까지 활용해도 되는가? 자율주행차가 불가피한 사고의 상황에서 어떤 선택을 해야 하는가? 이러한 문제들에 대한 답은 기술적 관점만으로는 찾을 수 없습니다.

역사학적 관점도 중요합니다. 과거 기술 혁명이 사회에 미친 영향을 분석함으로써 AI 시대의 변화를 더 깊이 이해할 수 있습니다. 산업혁명 시기의 사회적 갈등과 해결 과정을 연구하는 것은 현재 AI로 인한 일자리 변화에 대응하는 지혜를 제공합니다.

3. 창의성과 상상력의 원천

AI가 기존 데이터를 바탕으로 새로운 조합을 만들어내는데 뛰어나다면, 인간의 창의성은 전혀 다른 차원에서 발휘됩니다. 인문학적 상상력은 기존의 틀을 벗어나 완전히 새로운 관점을 제시합니다.

문학과 예술은 현실을 다른 방식으로 바라보게 하고, 불가능해 보이는 것을 가능하게 상상하게 합니다. 조지 오웰의 『1984』나 올더스 헉슬리의 『멋진 신세계』 같은 작품들은 단순한 소설이 아니라 미래 사회에 대한 예언이자 경고였습니다. 이러한 작품들이 제시한 디스토피아적 상상력은 오늘날 AI와 빅데이터 시대의 감시 사회 문제를 미리 경고했습니다.

인문학적 교육을 받은 사람들은 다양한 관점에서 문제를 바라보고, 예상치 못한 해결책을 제시할 수 있습니다. 이는 AI가 학습한 패턴에서 벗어난, 진정으로 혁신적인 아이디어의 원천이 됩니다.

4. 소통과 공감 능력의 중요성

AI 시대일수록 인간 간의 진정한 소통과 공감이 더욱 중요해집니다. 기술이 발달할수록 인간관계는 오히려 소원해지고, 개인은 고립되기 쉽습니다. 이때 인문학적 소양은 타인을 이해하고 공감하는 능력을 기르는 데 핵심적 역할을 합니다.

언어학과 문학은 언어의 미묘한 뉘앙스와 맥락을 이해하게 합니다. 같은 말이라도 상황과 문화에 따라 다른 의미를 갖는다는 것을 아는 것은 AI와 인간을 구분하는 중요한 능력입니다. 또한 다양한 문화와 시대의 작품을 접하면서 자연스럽게 다양성을 인정하고 포용하는 마음을 기를 수 있습니다.

5. AI 기술 발전의 올바른 방향 제시

AI 기술 자체도 인문학적 성찰 없이는 올바른 방향으로 발전하기 어렵습니다. 기술 개발자들이 인문학적 소양을 갖춘다면, 단순히 기능적으로 뛰어난 AI가 아니라 인간의 가치와 존엄성을 존중하는 AI를 만들 수 있습니다.

실제로 많은 기술 기업들이 철학자, 윤리학자, 인류학자들을 고용하여 AI 개발 과정에서 인문학적 관점을 반영하려고 노력하고 있습니다. 이는 기술이 인간을 위해 존재해야 한다는 근본적 원칙을 실현하기 위한 노력입니다.

AI 시대에 인문학의 중요성은 줄어드는 것이 아니라 오히려 더욱 커지고 있습니다. AI가 인간의 많은 업무를 대체할 수 있지만, 인간 존재의 의미를 탐구하고, 올바른 가치 판단을 내리며, 창의적 상상력을 발휘하고, 진정한 소통과 공감을 나누는 것은 여전히 인간만의 고유한 영역입니다.

인문학은 이러한 인간다운 능력들을 기르는 가장 확실한 방법입니다. 더 나아가 인문학적 사고는 AI 기술이 올바른 방향으로 발전하도록 이끄는 나침반 역할을 합니다. 효율성과 편의성만을 추구하는 기술 발전이 아니라, 인간의 존엄성과 가치를 존중하는 기술 문명을 만들어가는 것이 인문학의 사명입니다.

　따라서 우리는 AI와 인문학을 대립하는 것으로 보지 말고, 서로 보완하는 관계로 이해해야 합니다. AI가 인간의 능력을 확장해 주는 도구라면, 인문학은 그 도구를 올바르게 사용할 수 있는 지혜를 제공합니다. AI 시대를 살아가는 우리에게 인문학적 교양은 선택이 아닌 필수입니다. 기술과 인문학이 조화를 이룰 때, 우리는 진정으로 인간다운 미래를 만들어갈 수 있을 것입니다.

담현:澹弦 김선규 시인

중앙대학교 예술대학원 산업디자인학과 석사 졸업
인덕대학교 디지털산업디자인학과 겸임교수, LG전자(주) 디자인경영센터 책임
연구원, 문학고을 총괄본부장, 문학고을 등단 심사위원 (디카시 부문)
대한민국디자인전람회 초대디자이너 및 심사위원, 대한민국우수디자인 심사위원
한국산업기술기획평가원(Keit) 심사위원, 한국강사교육진흥원 수석위원 및 강사
한국미래융합연구원(KIFC) 회원
〈주요수상〉
제3회 문학고을 청목문학상 (작가대상), 2025. 제1회 평택디카시공모전 입선
2024. 문학의 도시 원주 박경리 디카시 공모전 장려상 제2회 시사불교 신춘문
예 우수상 (디카시 부문), 한국디카시 경시대회 1등 작품상 3회수상 (제9회, 제
20회, 제21회), 2023 대한민국 디자인대상 대통령상
2023 문학고을 신인문학상, 시 부문 등단, 2022 대한민국 100인 대상 산업디
자인부문 우수대상, 2019 세계 3대 디자인상 석권 (독일 IF, 독일reddot, 미국
IDEA), 2019 대한민국 우수디자인 대통령상 (롤러블 TV 디자인), 2011 대한민
국 우수디자인 대통령상 (냉장고 디자인)
〈저서〉
『내 안에 꽃으로 핀 그대』 (윤보영 시인학교 10인 공저 시집), 『문학고을 선집
제9집~18집』 (공저 종합문예지), 『발견은 기쁨이다 2』 (공저)
『서울시 고등학교 제품디자인 교과서』 (공저)
이메일 - kimseonkyu@daum.net

아도르노의 미학과 현대 시인의 역할

이지선

현대 사회에서 예술과 시의 역할은 단순한 감각적 즐거움을 넘어 사회적 성찰과 비판의 기능을 수행해야 한다는 주장이 지속적으로 제기되어 왔다. 특히 프랑크푸르트 학파의 대표 사상가인 테오도르 아도르노 (Theodor W. Adorno)는 예술의 자율성과 대중 예술의 문제점을 날카롭게 지적하며, 예술의 본질을 재정립하려 하였다.

아도르노의 미학은 단순히 개인적 취향이나 미학적 논의에서 출발한 것이 아니라, 20세기 격동의 역사적 경험에서 비롯되었다. 아도르노는 제1차 세계대전과 제2차 세계대전을 거치며 인간성과 문명의 붕괴를 목격하였다. 특히 나치즘과 홀로코스트는 '문화와 이성이 진보를 이끌 것'이라는 계몽주의적 낙관을 무너뜨렸다. 그는 "아우슈비츠 이후 시를 쓰는 것은 야만적이다"라는 말로, 예술이 전쟁과 폭력의 현실을 외면한 채 아름다움만을 노래할 수 없음을 강조했다.

또한 20세기 중반, 자본주의는 예술마저 상품화하였

다. 영화, 라디오, 대중음악 등은 대량 생산과 소비 구조 속에서 획일적으로 제작되었고, 이는 인간의 비판적 사고를 마비시켰다. 이러한 현실 속에서 아도르노는 예술의 자율성을 지켜야 한다고 주장했다.

아도르노와 호르크하이머는 저서 『계몽의 변증법』에서 계몽이 인간 해방을 약속했지만, 동시에 도구적 이성으로 변질되어 지배와 억압의 수단이 되었다고 진단했다. 따라서 예술은 단순히 계몽의 도구가 아니라, 현실을 비판하고 전복하는 힘으로 기능해야 했다.

이러한 시대적 배경은 아도르노가 예술의 자율성과 부정성을 강조하게 만든 토대였다.

1. 아도르노의 미학: 자율성과 부정성

아도르노는 예술을 단순히 미적 쾌락이나 상품으로 소비되는 대상으로 보지 않았다. 그는 예술이 현실 세계와 일정한 거리를 유지하며 자율적 영역을 지켜야 한다고 강조하였다. 예술이 자율적일 때, 즉 시장 논리나 대중의 단순한 기호에서 벗어날 때, 예술은 현실을 비판하고 사회적 모순을 드러낼 수 있는 힘을 갖게 된다.

또한 아도르노는 예술의 본질을 부정성(negativity)에서 찾았다. 여기서 부정성이란 기존 질서와 현실에 순응하지 않고, 오히려 그 불합리함을 드러내는 힘을 의미한다. 그는 진정한 예술은 난해하고 불편할 수 있으며, 바로 그 불편함을 통해 관객이나 독자가 기존 세계를 낯설게 보고 성찰할 수 있게 한다고 보았다.

예를 들어, 아도르노는 대중음악을 비판하면서 그것이 획일적인 형식과 반복으로 청중의 사고를 마비시킨다고 주장하였다. 반면, 쇤베르크Schoenberg의 12음 기법과 같은 현대음악은 청중에게 즉각적 쾌락을 주지 않지만, 기존 음악의 질서를 해체하고 새로운 감각을 열어 준다는 점에서 예술의 자율성과 부정성을 구현한다고 평가하였다.

2. 대중 예술에 대한 비판

아도르노는 '문화산업'이라는 개념으로 대중 예술을 비판했다. 영화, 라디오, 대중음악과 같은 매체 예술은 산업 논리에 따라 대량 생산·대량 소비 구조 속에 편입되며, 사람들에게 익숙한 형식을 반복적으로 제공한다. 이러한 구조는 관객이 능동적으로 사고하거나 질문하기보다, 수동적으로 오락을 소비하도록 만든다.

예를 들어, 할리우드 영화의 전형적인 서사 구조나 대중가요의 반복적인 코드 진행은 관객과 청중에게 일시적인 만족은 제공하지만, 현실을 비판하거나 새로운 가능성을 제시하는 데에는 한계가 있다. 따라서 아도르노는 대중 예술을 "체제에 순응하는 도구"로 보았다.

3. 현대 시와 시인의 역할

아도르노의 미학적 관점을 현대 시에 적용하면, 시인은 단순히 개인의 감정을 서정적으로 표현하는 데 머무르지 않는다. 오히려 시인은 언어의 자율성을 지켜내면서 사회적 현실을 비판적으로 드러내야 한다. 시인은 기존 언어 질서를 해체하거나 낯설게 하여 독자에게 새로운 사유의 가능성을 제시한다.

예를 들어, 김수영의 시는 1960년대 한국 사회의 정치적 억압과 모순을 드러내면서, 단순한 서정적 표현을 넘어 사회적 저항의 힘을 보여준다. 그의 작품은 독자에게 불편함을 줄 수 있지만, 바로 그 지점에서 사회를 비판적으로 성찰할 수 있는 가능성을 제공한다. 이는 아도르노가 말한 '예술의 부정성'과 맞닿아 있다.

예술의 동일화의 폭력을 비판하지만, 자신이 추구하는 예술만이 진정한 예술이라는 그의 미학을 받아들이지 않는 많은 비평가들이 존재함을 밝힌다. 그러나 아도르노의 미학에 대한 긍정적인 부분을 받아들이고 현 시점에서 시인의 역할에 대해, 자신의 작품에 대해 생각해보는 다각적 시선은 시인에게 꼭 필요한 부분이라고 생각한다.

아도르노의 미학은 예술이 단순한 쾌락이나 상품으로

전락하는 것을 경계하며, 자율성과 부정성을 통해 사회적 비판과 해방의 가능성을 모색한다. 이러한 관점에서 현대 시인은 단순한 언어의 장식가가 아니라, 사회적 현실을 비판적으로 비추고 독자에게 새로운 시각을 제공하는 중요한 역할을 맡고 있다. 다시 말해, 시인은 언어를 통해 사회와 인간의 가능성을 확장하는 존재로서, 아도르노가 강조한 예술의 본질을 계승하고 실천하는 주체라 할 수 있다.

이지선 시인

2022 문학고을 신인문학상 시부분
2022 문학고을 최우수상
2022 〈모퉁이가 있다〉 시집 출간
2023 부평구문화재단 시소 입주 작가 (창작부분)
2023 연희동 문학창작촌 12월 입주 작가
2023 〈내 마음이 지옥 같아서〉 시집 출간
2023 인천시 신진예술인 시 부분 선정
2024 문학고을 청목문학상 (작가대상) 수상
현) 문학고을 등단 심사위원
〈공저〉
2025년 "종합문예지 청목" 인문학 기고
〈저서〉
2024년 신작 환타지 소설 〈서점마계〉 출간
2025년 시작 세 번째 시집 〈흰 달〉 출간

문학고을
시선

앵두알의
이력서

허주虛舟의
노래

나 木목

베풂 사랑의 미소

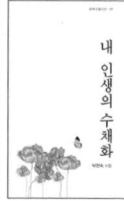
내
인생의
수채화

문학고을시선 01　문학고을시선 02　문학고을시선 03　문학고을시선 04　문학고을시선 05

버스 정류장에서
비행기를 타다

삶과 사랑의 맑은 풍경

길섶에 핀 풀꽃처럼

벚꽃잎 질 때에

아침을 걸어가는 여자

문학고을시선 06　문학고을시선 07　문학고을시선 08　문학고을시선 09　문학고을시선 10

플라워 카페에서

끝도 없는 길

사랑 하나,
그리움 둘

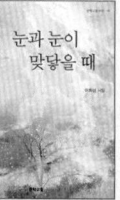
눈과 눈이
맞닿을 때

모퉁이가
있다

마음 긁혀 아픈 자리에
그리움이 피었다

문학고을시선 11　문학고을시선 12　문학고을시선 13　문학고을시선 14　문학고을시선 15　문학고을시선 16

우리는 어디로 가는가

존재와 해석

또다시
이별 위에 쉴 것을 심었어

그대가
꾸는 꿈

생명과 순명

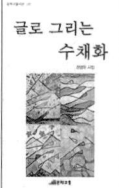
글로 그리는
수채화

문학고을시선 17　문학고을시선 18　문학고을시선 19　문학고을시선 20　문학고을시선 21　문학고을시선 22

돌아보니
모두 사랑이었음을

잠시
쉬어도 좋겠어요

먼 하늘 바다 건너

빈
배

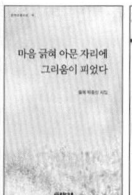
마음 긁혀 아픈 자리에
그리움이 피었다

한 맘 한 맘

문학고을시선 23　문학고을시선 24　문학고을시선 25　문학고을시선 26　문학고을시선 27　문학고을시선 28

명수필

신 경 희

정 혜 령

'행복' 만들면 되지

신경희

운전면허증 갱신 문자가 왔다. 이 나이에 운전도 않으면서 갱신이 필요할까 망설이는데 남편과 아들이 면허증을 반납할 나이에 갱신은 해서 뭐 하느냐는 말을 했다. 순간 본인은 나보다 나이가 많음에도 운전을 하면서 내게 갱신을 하지 말라는 남편의 불평등한 말투에 짜증이 나고, 어미를 무시하는가 싶은 아들의 말림에도 화가 나서, '백세시대인데 일단 갱신을 해놓고 봐야지' 하면서 둘의 말을 일축했다.

막상, 갱신을 하겠노라 마음은 먹었지만 남편과 아들의 말이 맞는 듯 장롱면허로 있는 것이 불편함으로 다가오고 갱신을 하려면 가야 하는 면허시험장까지의 거리도 만만치 않음에 귀찮은 생각이 들어 하루를 미루면서 할 것인지 말 것인지에 대한 여러 생각을 하느라 잠을 설쳤다.

다음 날 아침을 준비하면서도 마음을 잡지 못하다가 갑자기, 이 나이면 어때 아무것도 할 줄 모르는 뒷방 늙은

이로 있기보다 젊은 시절 자동차 운전은 했었다는 증거
가 되는 면허증을 가지고 있는 것이 자존감을 세워주는
듯 여겨져 마음 바뀌기 전에 얼른 가야지 하면서 부지런
히 경찰서로 갔다.

민원실 운전면허 관련 창구 앞에 가니 젊은 사람들도
있지만 나보다 연배로 보이는 분들도 몇 분 계셨는데 나
와 같은 장롱면허가 아닌 생업과 관련해 갱신을 하려는
듯 보였다. 한참을 기다려 안내를 받고 시력 청력 검사
등을 마친 뒤 신청서를 제출하고 나오는 발걸음이 무척
가볍고 큰일을 해내고 난 뒤에 갖는 성취감 같은 흥분이
일며 만족스러운 웃음이 나왔다.

젊은 사람들에게는 이런 내 모습이 늙은이의 쓸데없는
욕심으로 여겨지고 고령 운전자의 사고가 늘어나 각 지
자체에서 노인들의 면허증 반납을 유도하는 분위기에 역
행하는 듯 느껴지기도 하겠지만, 나뿐만 아니라 내 앞에
서 생업에 필요해 갱신신청을 하신 분들을 생각해보면
노인들에게 돈을 줄 테니 면허증을 반납하라는 방식은 "
늙은 사람들 돌아다니며 사고 치지 말고 집에서 그냥 쉬
세요."라고 하면서 노인의 자존심을 깎아 내리는 듯 여
겨지기도 해 면허증 반납 유도에 앞서 노인의 자존심을
세워주면서 사고를 막을 수 있는 다양한 연구가 선행되
어야 할 것이다.

또한 우리 노인들도 백세시대를 살아가는 기본 조건으로서의 건강도 중요하지만 깨어있는 의식, 무언가를 하려는 적극적인 의지가 필요한데, 그런 면에서 오늘 내가 나 스스로를 격려할 수 있는 선택을 한 것이 자랑스럽게 여겨졌다.

우리나라 65세 이상 노인 중 약 49.6%가 빈곤하다는 통계가 OECD에서 발표되었고 이는 OECD 국가 중 1위로써, 노인 인구 중 절반이 빈곤한 삶을 살고 있다는 것으로 고령층의 안정적인 생활 여건을 위한 대안이 시급한데 그 빈곤한 삶에서 더욱 비참한 문제는 질병에 걸려 있다는 점이다.* 라고 말하는데 초고령화 사회 속 노인으로서 느끼는 경제적 한계는 삶의 질을 저하시켜 달팽이처럼 안으로 파고들면서 우울증으로 빠져들게 만들고 각종 질병에 대해서도 무방비로 있을 수밖에 없게 만든다. 그러므로 이렇게 무력한 노인 삶의 질적 향상에 대해 세상의 처분만 바라기보다는 스스로 강해지는 자강이 필요하고 자강을 위한 첫 번째 요소가 자신을 자랑스럽게 여기는 만족감이며, 만족을 느끼는 상태가 행복이라고 생각한다.

나이 든다는 것은 세월을 이겨가는 것이고, 이긴다는

---

* [출처] 빈곤과 당뇨 그리고 노인 ㅣ작성자 우양재단

것은 삶으로 보여지는 것이기에 무언가 해내려는 의지를 가진 노인으로 지금 당장 불필요한 듯 여겨지는 운전면 허증 하나에서 처절히 살았던 지난 시절을 떠올리며 만 족하고 행복을 느낀다면 나는 이미 가난을 가난이라 말 하지 않는, 정신적으로라도 빈곤을 벗어난 노년이기에 오늘 남편과 아들의 무시하는 듯한 말투를 자극제로 삼 아 더 자신 있게 '증'을 가진 행복한 노인으로 살아가기 로 한다.

청곡 신경희 시인

서울 출생. 숙명여자대학교 사학과
중등 교사 역임
*등단
문학 고을 시, 수필 / 강원 문협 시조/ 브런치 작가
*수상
문학고을 신인문학상.문학고을 최우수 작가상 청목상 (작가대상) 수상
제8회 보령해변시인학교 전국 문학작품 공모전 은상
제9회 항공 문학상 수필 최우수상
제20회 장애인 문예 글짓기 최우수상
제61-62회 강원 예술제 강원 사랑 시화전 우수 동상
제5회 경북이야기 보따리 수기 공모전
제8회 전국 여성 문학 대전 시 부문 최우수상
제3회 디카시조 문학상 겨울 공모전 단장시조 장원...외
*저서
시세이 〈오메어쩔까〉
동인지 〈문학고을 시선집 1-17집 ; 오월에 피는 꽃; 삼행시 꽃 피었습니다.
        강원 문단 ; 강원문학 … 외〉
*활동
문학고을 자문 수석고문 현) 부회장
강원 문협회원

가장 좋은 지금… 사람꽃

정혜령

열 시 넘은 밤시간에 집 앞 편의점에 갔다. 저녁 먹은 속이 울렁거리는 것이 체기가 있는 듯 영 편치 않다. 비상약통에 소화제는 없었다. 전반적으로 위의 기능이 좋지않은 가족들이 가끔 체하거나 소화불량일 때가 있어 항상 상비로 챙겨놓았었는데 약이 떨어진 것을 몰랐던 것이 밤시간 외출의 원인이었다. 요즘 편리해진 것은 약국은 문을 닫아도 편의점에서 소화제나 간단한 상비약 정도는 구입할 수 있다는 것이다.

약을 사고는 아파트 단지를 걸어오는데 앞서가는 시커먼 덩치 큰 그림자 하나가 보인다. 휘청휘청 비틀비틀 웬 남자가 술을 제법 마신 양인지 손에는 꽃다발을 들고 걸어가고 있다. 걷는다기보다는 땅 위에 긴 두 다리 붓으로 뭔가 휘적휘적 그어내는 것 같다. 앞으로 나아가고는 있으니 걷는 것은 분명할터. 위태위태 불안하다. 그래도 꽃다발은 놓치지 않고 꼭 붙들고 있다. 가는 길이 그길이라 내가 뒤를 따라가는 모양새였는데 내가 사는 아파트 동으로 들어간다.

엘리베이터 층수를 누르는데 5층 사는 아기 아빠인 듯싶다. 그 집이 이사온지 얼마 되질 않아 그 집 남편의 얼굴은 모르지만 항상 화사하게 화장을 하고 다니는 눈에 띄는 예쁘장한 아기 엄마. 네 살이라는 여아의 육아와 살림만으로도 벅찰 텐데 오며가며 엘리베이터에서 만나면 늘 단정하고 인사를 잘한다. 술을 마시고 들어가는 그집 남편의 늦은 시간의 귀가를 보면 부부 기념일은 아닐 테고 부부가 일상적으로 꽃다발을 주고받는 모양이다. 꽤나 낭만적이고 멋스럽게 느껴진다.

나의 젊은 시절을 들여다봤다. 가끔은 꽃을 사들고 들어오던 남편은 아이들 초등학교 들어갈 무렵까지도 내게 기념일이나 마음에 내키면 꽃을 다발로 안겨주는 낭만을 보였었다. 그렇다고 감동을 주고 세밀하게 살피는 낭만적인 성향의 남자는 아니다. 가부장적이고 권위주의가 몸에 밴 그 시절 그 연령대의 일반적 남편 성향이다. 어찌보면 막내이므로 부단히도 막내스러운 유머러스하고 재미있는 부분은 있으나 뭔가에 대한 배려는 이프로 부족한 사람이다.

어느 순간부터 꽃보다는 아이들이 먹을 로스트치킨이나 회사 근처의 유명하다는 일본식 과자나 줄서서 먹는다는 족발 등등을 사들고 왔다. 나 또한 실용을 따지는 아줌마스러운 아줌마인지라 별반 섭섭함이나 아쉬움 같은 것은 없었던 것 같다. 고만고만한 아이들을 키우느라 아름다운 꽃을 보고도 편안하게 느끼고 감상할 만한 여유가 있을리 만무했던 바쁜 시절이었다.

이제 아이들이 잘 자라주고 제 가정을 갖고 직장생활을 하고 독립을 한 이즈음에 나의 시간들을 널널하고 풍족한 여유로움으로 채우게 됐다. 이제사 예쁜 꽃들과 화분에 눈길이 가고 정성을 들이게 되지 뭔가. 온통 신경과 정성을 쏟아붓던 사람꽃에서 비로소 예쁜 꽃들에게로 마음이 가는 것이다. 젊은 날 남편의 꽃다발은 없으나 대신 사위가 어머니께 드린다며 형언할 수 없는 예쁜 꽃바구니로 나를 감동케 하고 작은 딸애는 그 꽃들이 시들을 만하면 다른 꽃들을 사다 꽃병에 꽂아 놓는다. 집안 가득 향기와 꽃이 만발해서 행복한 마음이다. 꽃들로 해서 부자된 기분이랄까. 물론 아름다운 꽃들도 사람꽃에 비할까마는.

아이들을 다 키우고보니 어느덧 중년의 나이 먹은 여자가 되어있다. 결혼한 큰애가 언젠가 애를 낳으면 할머니도 된다. 젊은 날의 화사하고 빛나던 것들은 어디론가 다 슬어졌다. 지금의 나는 눈가의 주름을 고민하고 날렵했던 몸에 붙어가는 군살을 걱정하는 평범한 아줌마이다. 누군가 젊은 날로 다시 돌아갈래 라고 묻는다면 당차게 노라고 대답할 수 있겠다. 지금의 안정감이나 나이듦에서 오는 연륜과 그 여유가 너무나 좋다. 그 넉넉한 여유를 누군가와 나누고 싶어 봉사활동도 생각해 보는데 구체적으로 어찌할지 여부는 아직 생각을 못하고 있다.

젊음 자체가 빛이나고 아름다운 시절이 있다. 한 살 한 살 나이를 먹으면 외모에서 발산하는 빛은 없지만 내면의 미는 그 누구도 따라올 수 없다. 늙었다고 나이 먹었다고 서글퍼 하지 말자. 우리 나이가 아름다운 나이이다. 젊음이 따라올 수 없는 합리적인 지혜들이 마음의 창고에 넉넉하고 그득하게 쌓여만 가고 뛰지않고 느긋하게 걸어도 아무도 재촉하는 사람이 없는 지금의 여유있는 나를 나는 사랑한다.

얼마전 티비 강연에서 노철학자이며 현재 백세가 넘으신 김형석 교수께서 말씀하셨다. 백세 넘은 지금까지 살다보니 육십부터 칠십대 중반까지가 인생의 황금기였다는 말씀에 아직 오십대의 중년인 나는 쾌재를 불렀다. 그래 지금 내가 뭔가를 시작한다 해도 결코 늦은 건 아니구나 라는 희망의 메시지가 가슴에 들어와 아로새겨졌다.
내 속에는 푸름 창창한 젊은이들에게 없는 노련함과 삶의 연륜 그리고 안정적 여유로움이 있으므로 무엇이 두렵고 무엇을 못할까. 꽃이 지고 나면 그 자리에 열매가 맺어진다. 이제는 아름다운 꽃의 시절이 지나갔다해도 실한 열매로 어딘가에 보탬이 되고 도움이 되리라. 그렇게 주변을 돌아다보며 살다 보면 빛이 나는 사람이 되

지 않겠나. 젊음과 아름다운 외모의 빛이 아닌 참다운 나
눔과 사랑의 빛이 말이다. 문득 주변을 둘러보니 늘 보던
풍경들이 눈에 선명히 들어온다. 평소 못 느꼈던 생소함
에 잠시 낯설었으나 금새 익숙해졌다. 그렇게 생각한대
로 살아가면 되는 게 맞는 것일 게다. 가장 아름다운 꽃
사람꽃이 되는 일 말이다.

정혜령 시인, 수필가

서울 출생
월간 시사문단 수필 등단
문학고을 수필 등단
한국시사문단 작가협회 회원
북한강문학제 추진위원
제17회 빈여백동인문학상 수상
제19회 풀잎문학상 대상 수상
제1회 청목문학상 (작가대상) 수상
'봄의 손짓' 공저 '문학고을' 공저
수필 다수가 신문과 문예지에 게재되었다.
저서
에세이집 '행복이라는 주파수에 달콤해지는 인생'
현) '문학고을' 수필 심사위원 및 수석 고문

신작시

추억의 바란追憶의 叛亂 외 2편

고영재

아침 이슬에 젖은 풀밭 냄새
햇살에 바삭하게 말라가는 풀 향기
손끝에 묻은 흙냄새,
어머니 치맛자락에 배어 있는 된장 냄새

바람에 흔들리는 벼 이삭 소리
멀리서 들려오는 닭 울음
발밑에 닿는 차가운 흙,
손끝에 느껴지는 나뭇결의 거친 촉감

모든 울림이
나를 어린 시절로 데려간다
골목길 모퉁이에서
웃음소리와 함께 뛰어놀던 그 시절
낡은 대문을 밀며 들어서던
오래된 집 안의 온기

산골의 회색빛 속에서도
향기는 살아 있어
조용히 눈을 감으면

나는 다시 그곳에 서 있다

모든 것이 냄새처럼, 소리처럼, 바람처럼
서투른 웃음 안에 남아있어
追憶의 叛亂을 일으킨다

바다의 饗宴

푸른 물결이 내 마음을
조용히 흔들고
바닷바람에 섞인
지나온 날들이
짠 소금 냄새로 솟아오른다

모래 위에 남긴
발자국 하나가
금세 파도에 지워져도
나는 알고 있다
내가 바다에 왔음을…

해 질 무렵
노을이 바다를 덮을 때
내 눈빛은 더욱 빛을 발하고
마음까지도 붉게 물든다

돌아가는 길
파도 소리가 따라와
내 귀에 속삭인다
다시 오라고,

나의 이야기를
꼬옥 들려달라고

손바닥에는 아직
바다의 淸凉한 향기가 남아
나의 嗅覺을 무섭게 자극한다

이웃의 情

문틈 사이로 스며드는
된장국 냄새, 고기 굽는 냄새
바람에 살포시 실려 오는
사람들의 웃음소리

비 오는 여름날,
우산 하나로 한 몸 되어
물방울 부딪히는 소리에
서로의 마음을 아름답게 묶어주고

눈 내리는 겨울이면
따뜻한 차 한 잔을 나누며
손끝에 남은 온기로
서로의 하루를 녹여낸다

아이들의 깔깔 웃음,
문 앞 떡 하나, 과자 하나
마음 담은 작은 나눔이
삶의 깊은 情으로 피어난다

멀리 있는 친척보다
가까이에서 느껴지는
가족 같은 이웃의 情이
날마다 깊고 진한 마음으로
서로를 묶어준다

아솔(峨帥) 고영재 高榮在 詩人

慶尙道 智異山 밑 산골 마을에서 태어나 벌써 古稀를 맞았다.
慶南大 教育大學院과 西南大
國文學科 博士課程을 修了하고,
陸軍機甲將校로 轉役 後 中等學校 國語教師로 아이들을 가르치다
退任하여, 不動産 리츠會社 代表를 거처
製藥會社 常任顧問으로 일하고 있다.
현재 대한예수교장로회 구하리교회의 協同長老로 주님을 섬기고 있다.

노을빛 외 2편

권기영

이생에서 할 일을 다 마치기도 전
머나먼 곳으로 떠나던 자가
문득 토해 놓은 마음

무슨 사연 토해 놓았기에
저리도 노을빛이 아플까?

파도

불안하지만, 잔잔한 바다에
누군가 돌을 던졌다.

가라앉지 않는 무거움을
바다는 견뎌내었다.

날개 다친 새 날아와
덕분에 날아올랐지

아픔이었던 돌, 사실은
바다를 사랑한 보살핌의
어리고 서툰 고백

바다는 파도로 답했다.

도라지꽃

어머님이
자랑스레 보여주신
도라지꽃

반짝 빛나던 눈빛
꽃잎 가만히 쓸어주신
굵은 손마디

잊을 수가 없다

그 밭을 건너다
그곳으로 가버리신
조그만 어머님

세 번 도라지꽃이 필 동안
그곳에 갈 수 없었다.

권기영 시인

2008-2013 / ㈜아이북랜드 / 그림책, 독서, 논술 교사
2021-2025.7 / 경험플러스 연구소 대표 / 교육프로그램기획.진행
2025.7-현재 / 경험플레어 대표 / 교육프로그램 기획, 진행 그림책 마음 챙김
프로그램
학사 : 교육학, 국문학 / 석사 : 상담심리학 /
숭실대학교 대학원 박사과정 중 : 평생교육학
E-mail: kittaengi@hanmail.net
문학고을 신인문학상 수상
문학고을 등단 시 부문
공저
문학고을 "종합문예지 청목" 다수 참여

장지미 아지매* 외 2편

김계이

팔딱팔딱
머리 행상 수북한 광주리는
째보선창** 만선의 절정

아이 등에 업은 채
만조 간조에 허리춤 붙잡혀서
앞서갈 수도
멈춰 설 수도 없는
동그라미 화루하루

그래도 시공은 언제나
휘적휘적 제 갈 길만 갑니다

늘 열려있는 마을 길에
한 해 두 해 멀어진
호락질 생선찬가
찬거리 조달을 기다렸던
바쁜 일손들 바람과 달리

---

* 　장지미 아지매: 장지미 동네에 살던 아주머니
** 　째보선창: 군산의 옛포구, 현재는 복개공사로 없어짐

고단했던 외줄타기 한 생은
붉은 강을 건너가고

이제는 아픈 손가락 되어
초록 지붕 카페 문 너머에서
풍금소리 덧바른
흑백사진으로 남았습니다

딸에게

산삼 태몽 횃불 들고
먼 길 찾아온 아이
해바라기처럼 크더니

걸러낸 기억을
주머니에 넣은 사람처럼
손톱 봉숭아 불들이고
입맛은 아날로그
우거지 짠지
좋아하는 것도 닮았네

낙엽 분분한 날에
밑반찬 택배 포장하면서
눈 시린 이유는
순전히
잘 마른 바람 탓일 거야

교과서에 없던
어느 일상에서
혹시

일기예보 안 맞더라도
가져온 빛 심지 돋우며
예쁜 걸음
또박또박
천천히 가렴

목욕탕에서

삼신할매 품에 안겨
실오라기조차 걸치지 않은 몸
모락모락 김이 나는 양수에 몸뚱이를 담근다

강둑이 터져
여리디 여린 생목숨으로 밀려나올 때
기억은 묻혔다

생사의 강이
찰랑찰랑
풍성한 호흡을 한다

살다살다 다 못 살고 건너가는 길목에도
강이 흐른다고 했던가
돌아가면서 그 곳을 지나갈 때는
까마득한 봉인까지도
오늘 일처럼 생생하게 강물에 풀어질까

풍만한 욕조에 더욱 깊숙이 들어간다
나신의 여자들은 부지런히 허물을 닦아

고백성사도 없이
벽에 걸린 수도꼭지를 틀어 세례식을 하고
본인 출생신고를 하러
봄 바다에 다다르려는 연분홍 물고기처럼
하나 둘 밖으로 사라진다

오랫동안 불편했던
마음가시 귀퉁이가 벗겨나간다
나도 나를 세례한다
선선한 바람이 분다

김계이 시인

전북 김제 출생
원광디지털대학교 동양학과 졸업
공인중개사
문학고을 신인문학상 수상
문학고을 등단 시, 동시부문
문학고을 최우수작가상 수상
공저
문학고을 시선집 13, 14, 15호

빨간 우산과 아빠 외 2편

김미선

굽은 어깨를 하고 온몸으로 비 맞으며
툭툭 낡은 우산 지팡이 삼아
사십사 년을 걸어 나에게 왔지요

교실 창으로 보이는 낯익은 얼굴
흔들흔들 춤추는 두 개의 우산
빨강 우산 끌어안고 발걸음 채근했을 아빠

시간을 거슬러 흐르는 연어처럼 삼십삼 년을 거슬러 갔지
빨간색인지 살색인지 모를 우산을 안았어
그리움으로 덮어버린 수많은 날들의 기억

열세 살 딸내미 마흔의 아빠
자랑이던 딸과 멋진 아빠는 쉼 없이 말한다
아빠, 아빠, 우리 딸, 우리 딸, 소용돌이치는 기억 속에서

보초 서는 길고양 씨

납작 엎드려 문 앞을 지키는 동네 고양이,
몇 달 만에 잊지 않고 찾아왔구나.
눈비 오는 날에 와서 쉬었다 가랬더니,
눈비는 다른 데서 옴팡지게 맞고,
우리 집에서는 보초를 서고 있네.
뚜껑 없는 배수관에 빠졌던 그날을 기억하는지,
인적 드문 뒷문 통로 급식소에서는
겨울나기가 따뜻했을까.
상자 하나 방이 되고, 상자 둘 매트리스가 되는 걸
구경하며 자세 고쳐 눕는 고양이,
그 눈빛에서는 알 수 없는 세상이 펼쳐져 있어.

친구의 미묘한 경계

편한 친구를 만났다.
그가 말을 하고, 나는 귀 기울인다.
맛있게 밥을 나누고,
내가 말을 하면 친구는 듣는다.
차를 마시며 여유를 즐긴다.
둘은 신이 나서 떠들고,
손을 잡고 간격 없이 걷는다.

여러 번의 안녕을 뒤로하고 돌아선다.
시계 방향으로 자꾸만 고개가 돌아간다.
차를 마셨다, 그저 그런 순간.
내가 말을 하면 친구는 깊이 생각하고,
밥을 먹었다, 그저 그런 식사.
친구가 말을 하면 나는 그저 생각에 잠긴다.
불편한 친구를 만났다.

김미선(金美善) 시인

68년생 충남 부여 출생
광주광역시 거주
(신화건기)건설기계사업자 관리사업
문학고을 신인문학상 수상
문학고을 등단 시 부문
이메일 : asdggh@nate.com
공저-
"종합문예지 청목" 디수 참여

고뇌 외 2편

김민희

무더위에 그을린 그해 여름밤
이부자리에서 한참을 뒤척인다.

힘찬 소나기 너머, 대낮 땡볕에
죽은 줄만 알았던
무지개 같은 고뇌에 잠겨버렸다.

낭떠러지로
곤두박질한 나의 심신은

종이 울려 퍼진 듯
내내 먹먹하다.

태어난 그 자리엔 언제부터
삶의 희로애락이 스쳐 지나가 있던 걸까

방파제

잿빛 어두움이 빗물에 녹아 내려와
아픔은 방파제가 되어

난 여울진 빗물의 파도가 되어
끝도 없이 네 마음 다 쓸어가고 싶구나

네 아픔의 비례는
결국,
나를 떠밀어 내더이다.

재주 없는 파도는
둑을 안고 슬피 울기만 한다.

7월에 피어나는 꽃

꽃 내음 따라가다
어느새 7월의 가지 꽃 핀 돌다리를 건너왔네
바짓가랑이에 배인 물 비린내는 내 가슴 설레게 하고
콧노래 흥얼 거려본다

날카로운 햇살에 반항을 하듯
언저리 너머 느껴지는
풀냄새에 숨을 맡기고 나면
저만치 가고 싶은 발걸음이 재촉한다

고독을 흩뿌리고
돌다리 사이 외로이 피어있는 그대
꽃 내음 찾아가랴 방황한 고개를 내밀고
고향이 어디쯤인지 묻고 싶다
가지 꽃

김민희 시인

94년 충북 보은 출생
청주 거주
직종 F&B 업계 재직
국가평생진흥원 전문학사 수료
문학고을 신인문학상 수상
문학고을 등단 시 부문

낮은 곳에서 외2편

김분자

풀 섶 가장 낮은 곳에서는
홀씨 대만 덩그러니 겨우겨우 버티고 있다
속은 텅 빈 빨대처럼 위태로워 보이기도
가느린 하얀 홀씨는 한 가닥 한 가닥 맥없이 떠나버리고
어느새 거칠고 퇴색된 흔적만 초라하게 골다공증으로
흐른다
단맛 빨린 버려진 막대사탕처럼 처량하고
작은 입술의 성장으로 외면과 소외된 유관처럼 매우
외롭다
세월 먹은 혈관은 경화증으로 혈맥이 터지는 그 붉은
심장을
낮은 곳에서 무릎을 꿇어야만 볼 수 있는 것일까

비밀 하나쯤

그날의 추억되는 비밀 하나 볼그레하지 않는가
어둠과 담벼락 사이에 작은 설레임 하나 있지 않는가
숲속 작은 새들도 짹짹거리며 사연을 읊지 않는가
시집 활자 속 졸고 있었던 감성이 깨어나지 않는가
까닭이 있는 곳에 눈물과 미소가 동무하지 않는가
어디선가 생각을 만났을 때 꿈을 초대하지 않는가
먼지 마시며 계절을 피워낸 코스모스도 살랑거리며
추억하지 않는가
장마가 때 묻은 어제를 씻길 때 오늘의 그리움 하나
들키지 않는가
우리들에게 그런 비밀 하나 정도는 있지 않는가 말이다

불타는 호흡

한여름 몸살 난 정오의 태양빛이
어느 공사 현장 구석구석에서 튀어 오른다
안전모 속에는 초콜릿 사연들을 턱끈으로 단단히 가두며
오늘과 내일 사이로 초콜릿이 녹아내린다
분진 마스크 안에는 한 줌의 꽃씨들을 피워내기 위한
불타는 호흡이 날뛴다

김분자 시인

사회체육지도자 & 노인체조지도자
스포츠 강사 & 체육관장 역임 (20년)
한양사이버대학교 심리학과 졸업
심혈관 병원 검사 결과 상담
웰빙, 웰다잉, 다이어트 상담
아시아 뷰티 퀸 / 시니어 모델 금상
월드 뷰티 퀸 / 골드 클래스 우수상
문학고을 신인문학사 수상
문학고을 등단 시 부문

가까움은 역설 외 2편

김선순

같은 공간 안에서도
서로 다른 궤도를 도는
말 없는 별들
침묵의 빛으로 홀로 떠 있다

손 닿지 못한 채
바람처럼 스쳐간다

오히려
멀리 떨어져 있을 때
마음이 먼저 닿아
빈자리에 은은히 번지는 빛

가까움이란
서로 다른 우주의 진동
스스로를 감춘 궤도 속
느리게 선회하는 고요

타인의 마음은
한 걸음 다가설수록

물러서는 그림자

그 거리마저
조용히 건너려는 마음이
연결이라면

고독의 기울기에
서로의 떨림을 감싸는
조용한 빛 하나 되는 것

너에게 다녀오는 길

말없이 엎드려 있는 마음 하나
그 옆에 조용히 앉아
한참을 바라보았지

무엇이 그리 아팠는지
왜 그렇게 지쳤는지

답을 찾으려 하지 않고
그저 옆에 있어 주었어
말을 걸기보다
숨결에 맞춰 숨 쉬어가며

조금씩 놓아지던 어깨의 무게
살며시 떨리던 눈빛
그 작은 신호들이
나를 받아들이는 방식이었다는 것을

돌아오는 길,
내 안 어딘가가
조금 따뜻해지고 있었지

마치
오래 잠들어 있던 작은 아이가
살며시 이불을 걷고
고요히 얼굴을 내미는 것처럼

빛은 음악처럼

밤의 중심에서
파도가 아닌
어느 숨결 하나가
물살을 흔들었다

고요가 말을 걸고
달빛은
말없이 고개를 끄덕였다

소리보다 더 느린 생각으로
검은 바다 너머를 오갔다

빛이 한 음 한 음
움직임마다 내려앉았다

지상이 악보가 되고
그 위에서
하루를 걸었다

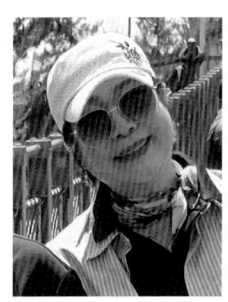

김선순 시인

시치료전문가·독서치료사. 문학고을 시부문 등단(2023),
나루문학 신인상(2015), 동서문학상 아동문학부문 맥심상(2015·2022),
문학고을 최우수작가상, 청목문학대상(2023)2024년 당진 올해의 문학인,
2025년 충남문학인 선정.
저서 『오직 엄마』(2020), 『안부』(2024),
공동치유시집 삼행시집 『꽃이 피었습니다』(2024) 외 공저 다수

존재함은 말이 없다 외2편

김순호

나는
사계절을
소유하지 않았습니다

꽃이 피고
잎이 지는 일에도
물들지 않으니
떠날 일도 없습니다

세월에 흩어진들
처음부터
내 것은 없었습니다

나는 그저 바라봅니다

피고 지는 것들
오고 가는 것들
사라졌다가
다시 나타나는 것들

가끔은 푸른 하늘이
심장에 박히지만

그러나
풍경 속에 깃든 고요가
모두 내 것임을 압니다

다음 생에는, 당신 곁에서

바람은 늘 북녘에서 불어왔고
성벽 위 나는
그 바람보다 먼저 깨어 있었습니다
아무도 부르지 않는 내 이름
내가 지킨 것은
나라가 아니라 사람의 체온이었습니다

당신이 운명처럼 지나칠 때
말 대신 눈으로 대화를 나누었고
내 심장은
겨울 속에서도 꽃이 피는 법을 알았습니다
그대를 위해
나는 단 한 번도 울지 않았습니다
울면 검을 놓게 될 까봐
검을 놓으면 그대를 잃을까 봐

성이 불타는 마지막 밤
달빛 아래 나는 말했습니다
"다음 생애
당신 곁에서 웃을 수 있다면

이번 생은 이걸로 족하오"

지금 나는
다시 태어난 몸으로 이곳에 앉아
이유 없는 책임감과
말 없는 사랑을 품고 살아갑니다
그리고 문득문득
설명할 수 없는 그리움이
겨울 눈처럼 내 안에 쌓이곤 합니다

다음 번엔
내가 지키는 사람이 아니라
지켜지는 사람이 되어
당신을 만나고 싶습니다
그때는
사랑을 숨기지 않을 것입니다

그해는 처서가 배달되지 않았다

삼복더위가 담긴 바람이
오늘도 반송되었다

계절은 정확했지만
받아줄 절기가 이상기후였다

때로는 여름이
규격 외일 때가 있다

부피가 다른 폭염
형체 없는 기상이변
수많은 소문이
'취급 주의' 상태로 경보 중이다

기상청은
절기를 측정할 수 없어
과열은 지속된다고 발표했다

"그림자도 녹는다" 는 문장이
예보로 흘러나왔을 때

나는 그것이
시인지 경고인지
구분할 수 없었다

우리는
햇살을 절기라고 불렀고
바람를 날짜로 착각하며
계절을 믿었던 걸까

오늘도
생각에 잠긴 불면증을
만지작거린다
부치지 못할 것임을 알면서도

2025년
열네 번째 절기
처서는
배달되지 않았다

해연 김순호 시인

61년 서울 거주
선문대학교 자연치유학과 통학의학석사
서울특별시교육청 지방교육행정 공무원
정년퇴직
문학고을 신인문학상 수상
문학고을 등단 시 부문
문학고을 최우수작가상 수상
공저 - 문학고을 청목 시선집 다수
E-mail 주소: xyzcap1467@naver.com

고 녀석 외2편

김영련

새 한 마리 날아와
사과나무에 앉길래
봄꽃 구경 하나 했더니
한 톨씩 따 먹네
쉬 하고 쫓았더니
한 바퀴 돌고 와
또 따먹네 고 녀석이

너도 이 봄에 목이 말라
달보드래 사과 꽃이
입맛에 맞나 보구나
그러나 너무했지
잎 속 깊이 숨은 두세 톨
남겨두고 다 먹었네
고 녀석이

마당을 쓸다 보니 나뭇가지 널브러져
바람이 몰고 왔나
위를 쳐다보니 새 둥지 보이네
작대기로 누구 있소
둥지 밑을 살며시 건드렸더니

혼비백산 날 살려라
고 녀석이 날아가네

어라 해가 중천인데
알을 품고 있었던 게로구나
아이고 어쩔 거나 알 품은 너를 놀래켜
혼비백산 기겁하게 했으니
나도 오늘 잠을 설치겠구나

다음날 고 녀석이 돌아와
통 크게 다시 알을 품고
있으니 고맙구나
푸른 늦봄 되어
날갯짓으로 힘 키워 날아 같으니
새끼 두 마리 잘 키워
내년에 도 또 오렴

종지기

나는 갈 거 외다
꼭 돌아갈 거 외다
황톳길 돌아 서면
나무 십자가 먼저 보이는
조그마한 시골 교회
종지기가 되려 하오
새벽 안갯속 울려 퍼지는
그 소리가 좋아서
동구 밖 순이 엄마
천국 잔치 같이 가자고
땡그랑~땡 땡 그랑~땅
종을 치겠소

당신께 줄 선물

어깨너머로 사랑을 훔쳐보고
그 곳 눈길 멈추는 곳에
사랑이 싹트니
아련한 그 시절 두근거림이 지금도 한결같구려
사랑이란 애틋하고
측은함의 틈바구니 속에서 아지랑이 피어나듯 애잔함으로
피어나고
길모퉁이 그림자 사라지듯 내려 놓았던
그 속에서 다시 피는 것이 사랑이었나
낮추고 비비며 살다 보니 여기에 와 있구려
내 몸보다 더 아껴야 할
고마운 사람
당신께 줄 선물 아직 많이 있어

김영련 시인

50년 출생 송파 거주
프리랜서 작가
문학고을 신인문학상 수상
문학고을 등단 시 부문
공저
"종합문예지 청목18~19호" 참여

화양연화花樣年華* 외 2편

김영철

물 만난
오아시스처럼

아파하는 시간도
슬퍼하는 시간도
설렘으로 다가왔고
정겨움이 좋았다.

아쉬운 사랑이
망각의 강을 건너
아련한 추억이 되었네

행복했고 아름다웠던
노래 불러본다.

우리 좋았던 아름다웠던
그때 그 시간이

---

* 화양연화(花樣年華):인생의 가장 아름다운 시절.

그대의 가을

반갑다! 가을아!

얼굴에 미소 지으며
형형색색 가을 향 느끼듯
그대를 본다.

햇살이 화사하게 비추며
행복에 행운 담아 추억을 머금고
그리움의 진한 향기 이야기하듯
다가온 네가 좋다

이 가을 !
좋은 계절에 함께 할 수 있고
추억을 이야기할 수 있음에
감사하다

풍경소리

들려온다.
조용하고 고요한 울림이
만물의 움직임 속에 온화한 소리

강토의 반항의 발자취 되돌리듯
차분한 평화 기지개 펼치듯
들려오는 울림의 소리가

일상에 이끌려
하염없이 걸었던 삶의 전장에
피로를 푸는 아름다운 소리
들려온다.

고요하게 차분하게

김영철 시인

글쓰기(시나리오, 시, 수필) 집필 중
서울사이버대 웹문예 창작과
4년 재학중
문학고을 문학상 수상
문학고을 등단 시 부문
현) 문학고을 자문위원
공저
문학고을 '종합문예지 청목' 다수

아이스 아메리카노 외2편

김영현

누가 불렀을까
아이스 아메리카노
언제부턴가 자리 잡은 일상어

그냥 얼음 커피 하면 안 될까
안 될 것도 없지
얼음 들었으니 얼음 커피지

난
그렇게 부를래
토박이 촌놈의 넋두리

아이스 아메리카노가
뭔데
유식한 외래어가 판을 치네

너도나도 불러주니
일상어가 된
아이스 아메리카노

아이스 아메리카노는
그렇게 탄생했나 보다

기다림

저 멀리 소리 없이 다가오는 희미한 불빛
희망의 메시지인가
절망의 신기루인가
허기진 배를 움켜진 어린아이의 기다림의 절규

오늘도 태양은 용광로의 쇳물을 쏟아붓고 있건만
누구 하나 소리치는 반항기는 사라지고
순응에 물든 베 조각 마냥 바람 아래 휘늘어져 있네

열기에 열기를 더하니 백기가 가득하건만
백기를 다스릴 자 누구 하나 보이질 않고
가마솥의 개구리는 그렇게 순응되어 숨을 잃는다

움푹 파인 눈망울이 튀어나오도록
엄마의 기다림만 멍하니 하늘을 바라보아도
기약 없는 시간만 흘러가고
남편을 기다리다 망부석이 되었건만

반짝거리며 다가오는 광명의 빗살마저
산산 조각되어 흩어지니

순풍이 역풍 되어 기다림의 간절함도 빼앗아 가네

희망의 새날은 언제 다시 빛을 주려나
간절한 기다림에 몸부림치고 있네

9월이 오네

푹푹 찌는 대지는 열기로 가득 차고
8월의 불볕 태양 폭염으로 물들이니
열하의 숨막힘에 헤어나지 못하여
야속한 8월의 태양신만 탓하였네

밤이면 잠 못 이루는 열대야 속에서도
달콤한 가을의 향수를 꿈꾸지만
9월은 까마득히 멀게만 느껴졌네

크로노스의 시간이 빨리 달려서
8월아 어서 가라고 외친 지 오래건만

달구어진 열기는 좀처럼 식질 않고
석양에 붉게 물든 황금덩이 구름이
천년만년 용광로에 갇힐 줄만 알았는데

제우스의 허락으로 태양을 가리니
비구름 만들어 대지를 적시네

폭염과 열대야는 떠날 줄을 몰라도

조석으로 새어 나오는 가느다란 냉기가
소리 없이 9월을 몰고 오네

김영현 시인, 수필가

진주교육대학교, 경남대학교(교육학석사)
초, 중등, 특수학교 교사
경상남도 교육청 장학사, 장학관
창원천광학교, 김해은혜학교 교장
부산장신대학교외 겸임교수
경남신문 촉석루 집필위원(2000)
경남장애인신문 논설위원
KOICA 94기(한국국제협력단) 단원으로 해외봉사활동(미얀마)
현재 경남산청에서 농부로 살고 있음
문학고을 신인 문학상 수상
문학고을 등단 시 부문

공저
계간 '종합문예지 청목' 시선집 다수

삶 외 2편

김 용

부자라도 한 삶
가난해도 한 삶

인생은 달기도 하고
쓰기도 하며
길이도 제각각이니

즐거움은 맘먹기
나름이요
슬픔도 함께 있는 법

죽음 앞에선 누구나
같은데
뭐 그리 까시러운가

남편과 아내

평생을 하나 돼도
하나 되지 못하고

평생을 알아도
다 알지 못하니

저승 가면 하나 되어
한마음으로 살는지

손잡고 다정히 앞서가는
노부부 속을 들어가 본다

내 고향

고갯마루 올라서면
파란 연기에 살포시 덮인
마실은 아직 꿈속이다

어귀를 돌아서면
물안개가 피어오르고
이름 모를 새들이
사람들을 깨운다

누렁이는 큰 눈을 끔뻑이며
누구냐고 연신 물어오는데
부지런한 아재는 쇠스랑질하고
큰 지렁이 한 놈이 온몸에
흙가루를 바르고 길 안내에
나선다

백구는 벌써 마실을 돌고
머리를 낮춘 채
꼬리로 느릿느릿 인사를 하고
장닭도 목청껏
소리 질러 반긴다

김용 시인

1959년 경북 의성 출생
안동 중앙고등학교 졸업
前(주)메딘 21 대표이사
現(주)대림플라콘 전무이사
문학고을 신인문학상 수상
문학고을 등단 시 부문
공저
"종합문예지 청목" 외 다수

진달래 외2편

김유신

진분홍 치마폭, 그대 산에 뿌리니
겨우내 묵은 시름 저절로 잊히더라
앙상한 가지 끝에 맺힌 눈물 자국
어느새 꽃잎으로 활짝 피어 웃으니

봄바람 살랑, 그대 향기 실어
고향 집 앞마당 그리움 전하네
어머니의 주름진 손, 따스한 손길
꽃술 엮어 머리에 꽂아주던 그 시절

마른 가지에 매달린 꿈
한 송이, 두 송이, 온 산 가득
말 못 할 사연들, 붉게 타오르네
새벽 이슬 머금고 조심스레 피어나

그대 이름 진달래, 가난한 이의 벗
배고픈 시절, 입에 담아 허기 달래고
아름다움에 취해 시름 잊게 하니
이 어찌 고마운 벗이 아니랴

꽃 지는 날, 흩날리는 꽃잎마저

그대 흔적은 바람 따라 떠돌며
다시 올 봄날을 기약하네
그대, 진달래, 영원한 그리움이여

내 눈물은…

내 눈물은 바다가 된다

푸른 하늘 아래 갇힌 나의 눈물은
작은 방울이 되어 흘러내린다.
따스한 햇살에 증발해 사라질 듯
허공 속으로 흩어지는 작은 방울.
하지만 이내 다시 모여
강물이 되고 바다가 되어
넘실거리는 파도로 일렁인다.

내 눈물은 빗물이 된다

메마른 대지에 내리는 소나기처럼
나의 눈물은 뜨거운 뺨을 타고 흘러내린다.
세상의 모든 슬픔을 씻어내고
새싹을 틔우는 단비처럼
나의 상처를 보듬고
새로운 희망을 피워낸다.

내 눈물은 별이 된다

캄캄한 밤하늘에 반짝이는
수많은 별들처럼
나의 눈물은 어둠 속에서 빛을 낸다.
길을 잃고 헤매는 영혼들을 비추고
길잡이가 되어주는 별처럼
나의 눈물은 또 다른 나를 찾아낸다.

내 눈물은 꽃이 된다

차가운 겨울을 이겨내고 피어나는
아름다운 꽃처럼
나의 눈물은 아픔을 이겨내고
새로운 삶을 피워낸다.
세상의 모든 아픔을 감싸 안고
아름다운 향기를 내뿜는 꽃처럼
나의 눈물은 또 다른 나를 사랑하게 한다.

내 눈물은 바다가 된다

푸른 하늘 아래 갇힌 나의 눈물은

작은 방울이 되어 흘러내린다.
하지만 이내 다시 모여
강물이 되고 바다가 되어
넘실거리는 파도로 일렁인다.

가을의 초상

높고 푸른 하늘, 그 끝없는 캔버스에
뭉게구름 한 조각이 하얗게 번져간다.
따스한 햇살이 내려앉은 오후,
바람은 더 이상 뜨겁지 않고
부드러운 손길로 볼을 스치운다.

길가에 선 코스모스가 가을바람에 흔들리고
황금빛으로 물든 들판은 넉넉한 마음을 보여준다.
오랜 시간 고독을 견뎌온 나무들이
하나둘 붉은빛 옷으로 갈아입기 시작한다.
이내 온 산을 감싸 안는 붉은 단풍의 물결.
소슬바람에 흩날리는 낙엽은
지난 계절의 추억을 이야기하듯
사르락, 사르락, 발걸음 아래 속삭인다.

그 소리에 귀 기울여 가만히 걸으니
어느새 마음 한구석이 고요해진다.
밤이 되면, 차가운 공기 속
밤하늘의 별들이 더욱 빛을 내고
외투깃을 여미며 올려다본 달은

덩그러니 홀로 빛을 낸다.

그렇게 가을은 소리 없이 찾아와
세상 모든 것을 잔잔하게 물들인다.

김유신 시인

1977년 충북 충주 출생
1996년 소사공고 졸업
1996년 주식회사 대농 입사
문학고을 신인문학상 수상
문학고을 등단 시 부문
공저-
"종합문예지 청목" 참여

책 외2편

김철홍

글자도 같고 뜻과 의미가 같아도
보는 이의 취향에 따라
같은 책이지만 분류가 되었네

보는 책이 같고
페이지의 뜻과 의미 역시 같아도
보는 이의 느끼는 감정은 제각각이네

책이 같고 보이는 글자가 같으나
보는 이의 인생관에 따라
느끼는 감정이 또 달라지네

같은 책이어도 같은 페이지여도
읽어가며 넘어가는 글자들의 배열에 따라
새롭게 느껴지는 감정은
책만이 품을 수 있는 정서인 것인가.

인생무상 人生無常

잘 살면 뭐 하리오
못 살면 뭐 하리오
너나 나나 똑같은 인생무상인 것을

달라도 한 끗 차이
똑같아도 한 끗 차이
달라봐야 밥 한 수저 더 뜨는 것이 다인 것을

다르면 뭐 하리오
같으면 뭐 하리오
너나 나나 사는 것 매한가지

사는 날이 얼마나 된다고 영원히 다를 성 싶은가
어차피 죽고 나면 너나 나나 매한가지인 것을

작은 욕심

명품 넥타이를 선물받았다.
거기에 맞는 정장을 준비해야겠다
정장도 있으니 구두도 준비해야겠다.

명품으로 치장하니
대중교통이 나에게 어울리지 않는다.
그래서 명품에 맞는 차를 준비해야겠다.

차까지 준비하니
나의 작은 집이 차랑 어울리지 않는다.
집을 마련해야겠다.

모든 걸 다 갖추니
나의 직장이 어울리지 않는다.
멋진 직장을 얻어야겠다.

겉치장이 나의 능력을 보여준다는 오만한 착오가
나의 능력을
나의 재정을
나의 분수를
작은 욕심으로 하여금 망각의 늪에 빠지게 하는구나.

김철홍 시인

2024년 문학고을 시인 등단
2024년 문학고을 도서 VoL.12호 (시 3작품 출판)
2024~2025 고양시 라디오 대본 작가
2024년 용인시 꿈을드림 공모전 우수상
2024년 서울시 고립과 은둔 극복 공모전 장려상
2025년 문학고을 제17호 간행지 (시 3작품 출판)
2025년 제3회 박덕은 디카시 작품상
2025년 제 80회 광복절 기념시 고양시의원 표창 수상
2025년 한국장애예술인협회 예술인등록

마음은 시냇물 외 2편

박만근

폭풍이 지나가도
수다 많아도
마음은 시냇물

파란 가을 하늘 아래
평온한 정적 흘러도
마음은 시냇물

호수처럼 넓진 않아도
언젠가는 닮아갈
마음은 시냇물

매일 행복한 하루
자유로운 영혼
마음은 언제나 시냇물

흘러 흘러서
바다에 도착했어도
소소한 행복 마음은 시냇물

가을 하늘

높고 파란 하늘
상상의 나래 펼친다

도화지 같은 하늘에
멋진 그림 그릴까 글씨를 쓸까

손오공과 근두운 타고
재미있는 지구 여행이나 떠날까

우주에서 본 지구는
정말로 아름답고 깨끗할까

활짝 핀 코스모스와 단풍과
신나게 춤을 춰 볼까

상상속의 오늘은
마음도 꿈도 행복해진다

흐린날 오후

태양이 구름속에 숨어 있다
오늘 같은 날에는

작은 우산 하나 준비하고
둘러 보는 동네 한 바퀴

골목길 걷다 보면
예쁜 꽃들이 반겨 주고

탐스럽게 익은 과일도
마음을 풍성하게 한다

비 내리는 날의 거리는
또 다른 풍경 되고

집에 오면 새로운 기분에
흐뭇한 미소 짓는다

박만근 시인

신구대학교
그래픽 커뮤니케이션과(출판 전공)
문학고을 신인문학상 수상
문학고을 등단 시 부문
공저
"종합문예지 청목" 참여

계축년癸丑年 첫사랑 외2편

박위업

은하수 건너 종착역에 서 있는 댕기 머리 소녀
별빛 타고 내려와 살며시 미소 지으며
바람에 세월을 뛰어넘어 꿈에 손을 잡으니
기쁨은 한없이 여름밤을 재우고 있네

순수한 감수성이 넘친 놈의 첫사랑
한 번의 삶, 깨어나고 싶지 않은 너의 모습
영원한 사랑 하자던 새끼손가락
만열 하며 갈쌍갈쌍하게 포옹의 눈빛이었네

벅차오르는 마음속, 수많은 날은 찾아왔지만
완행열차에 유학의 길 찾아 한양으로
속절없이 속이고 진흙탕 불꽃에 취해
눈 깜짝할 사이에 고희古稀가 되어
저무는 석양빛 서산 외딴길에 서 있네

인연에 첫사랑, 반흉반길인가!
석양빛 그리며 노을 따라
눈이 부시게 날아온 희작 한 마리
은하수 건너 별들의 고향으로

영생을 찾아 떠났다고 소식 전하니
공허해진 삶, 외로운 눈물 흘리네

첫사랑의 달콤한 상처, 세월 속에 묻히고
갈래 길에서 소녀를 기다리며
일어나시오, 일어나시오
북망산 홀로 가는 길 무섭지 않소
내일이면 은하수 열차 타고
간이역에서 동향同鄕할 벗이 있잖소.

한 맺힌 아리랑 고개

엄니, 엄니
우리 어머니
끝없는 자식 사랑
천사 같은 깊은 자애로
백난지중 하며 가슴으로 품어
빈곤과 풍요의 물결을 일으키며
키워주신 우리 어머니

허구한 삶
저편에서 한숨 돌리며
개밥 바라기 붉은
한탄과 시름
어찌 잊으리오, 슬픈 눈물(悲淚)의 사랑을

저편에 내 자식
그리움 꽃피우니
연정 잃은 늘그막의 상념
상처의 한, 눈물로 치유하네

엄니, 엄니
우리 어머니

돌아보고 또 돌아보니
내 칠십 년의 세월
빈 둥지에서 들락날락하며
바람을 일으키니
어머니의 얼굴 사무치게 그립구나.

너는 나를 아프게 하는 바람인가

한올 만들어진
옷감의 아름다움으로 감추어진 삶
조각조각 얽히고설킨 감추어진 육신
진실과 거짓으로 유혹했던 인생의 역사

경제적 방향을 잊고 살아가는 삶
삶의 질을 상실하고 무념으로 가는 길인데
산천에 몸을 담아 치유의 전원생활
세상은 아름다운데 삶은 낙엽이어라

과유불급으로 부를 창조했지만
내 모습 거울에 비친 눈빛
보잘것없고 존재가 호졸근하니

고역의 늘그막, 소외감과 외로움
얼굴에 박힌 황반변성의 두 눈
안개 속으로 사라진 산천 물색의 아름다움

조각으로 만들어진 육체는
신체 방어가 없는 붉은 피의 덩어리

당의 영양분이 국지적 공급되어 위급을 부르고

이른 아침 커피는 붕전만리에
온몸이 부종을 부르는 팔, 다리의 저림에
척추관협착증의 요란한 통증의 세계에 이르니

이 몸 고통의 공간에서 다람쥐 되어
챗바퀴 돌며 영생의 길을 찾는다.

청심 박위업 시인

세종대학교 세종대학원 졸업
전원생활 7년차
저서
"푸른빛을 핀 구름위의 고희" 시집을 집필
문학고을 신인문학상 수상
문학고을 등단 시 부문
공저
"종합문예지 청목" 다수 참여

최고의 선물 외 2편

박현숙

사랑하는 주님은
나의 주인이시요.
마음의 위로자

죄인에서 의인으로
다시 태어나게 해 주셨고

가장 소중한 생명
영혼을 건져 주신 분

온몸을 다 버려서 라도 십자가의 보혈을
흘려주셨고 하늘과 땅의 권세를 다 가지신 분

진리이신 예수님
누구든지 믿음으로 구원 받아

인생의 끝날에 천국으로
인도해 주시는 생명의 주

전적으로 값없이 하나님 아버지의 은혜를
받은 최고의 선물 예수님

뒹구는 낙엽

붉고 예쁜 나뭇잎 하나가 바람이 부는 데로
길거리에 뒹굴며 밟히고 있네

푸르고 싱싱하던 모습
초록빛의 아름다운 사랑의 꽃 시절은 어디 가고

형형색색의 찬란한 빛으로 아름답게
피어있던 그 잎사귀

바람이 불면 살랑살랑 춤을 추고
웃으면서 반겨주던 그 시절은 어디 가고

벌써 힘이 없어서
때가 되매
나무에서 떨어졌구나 !

불쌍하다고 다시 한 번
돌아봐 주는 이 하나도 없네
내 생명도 다하는 날에는 어디서 멈출까!

대나무

아! 대나무
위풍 당당한 그 모습이여
가장 작은 씨앗이나
보여지지 않는 뿌리에서 줄기까지

길게 뻗어가며
영양분을 공급해 주고 있지
하늘로 높게 뻗어가기까지는
아픔과 고통이 많았었지!

지독한 추위와 뜨거운 열기 속에서도
살아 남는 기상

마디 마디 매듭이 맺어진 것은
무릎을 꿇고 자신을 돌아보며

묵묵히 참고 견뎌왔던
까닭이 아니던가!
아름다운 나무들처럼

열매를 맺고

시원한 그늘을 만들어 주지는 못하였으나
질타와 채찍에도 막중한 사명감과
열정이 있기에

아! 아! 아!

대나무는 여전히 지금도
위풍당당한 그 모습이여~

박현숙 시인

60년 원주 출생
구) 선경 퇴사
현) 공인중개사 근무
주산 부기 2급
반석동 행복한 교회집사
문학고을 신인문학상 수상
문학고을 등단 시 부문
공저
"종합문예지 청목" 참여

적도의 9월 외 2편

방성욱

햇살은 여전히 무겁게 내려앉고
야자수 그늘은 느린 노래를 부른다

내 마음엔 아직
단풍잎 골목이 바스락이며
은행잎 길은 황금의 강처럼 흘러간다

향신료 바람 스치는 시장의 소란 속에서
가물란의 여운은 저녁마다 번져오고
그 소리 사이로 잊힌 계절이 스민다

적도의 9월은 뜨거운 숨결로 다가오고
추억의 9월은 서늘한 기억으로 번진다
두 계절이 한 가슴에 포개어
낯선 그리움이 자란다

오늘의 열기와 어제의 서늘함이
한 줄의 시처럼 교차하며
나를 다시 길 위에 세운다

달빛 그림자

산등성이에 바람이 홀로 일렁이니
그 숨결 속에 님의 이름 올라가네

늦여름 강물은 구슬피 흐르며
떠난 발자취를 별빛에 새기고

소나무는 허공에 팔 벌려 서서
그대의 그림자 안기길 기다리네

달빛은 고운 비단 펼쳐 놓듯
외로운 길 위에 흰 무늬를 깔아주고

저 들꽃 한 송이 수줍은 듯 피어나
먼 하늘에 님의 미소를 닮아 웃는다

홀로 선 나의 그림자는
밤의 장막에 길게 늘어지니

이 외로움 또한 사랑의 다른 이름
머나먼 그대 향한 그리운 메아리

내일에게 추억인 오늘

햇살은 나뭇잎 위에 하루를 눕히고
바람은 기억을 실은 연처럼 떠오른다

물결은 잠시 머물다 이별하고
그 위에 우리는 발자국을 남긴다

꽃은 피어나는 순간을 모르고
구름은 흘러가며 자신을 비춘다

지금 이 시간이
내일의 마음을 적실 줄 모른 채

작은 웃음 하나가
숲 속 새들의 노래가 되고

눈빛 속 진심 하나가
노을에 물든 하늘이 된다

오늘은 그렇게
잠시 머무는 풍경일 뿐

언젠가 그 모든 장면이
내일의 가슴에 따뜻이 피어난다

방성욱 시인

경남 마산 출생
1997년 신세계백화점 공채 입사
전자랜드 용산본사 구매부 근무
문화예술경영학 학사
현)PT. SSANGYONG INDONESIA 대표이사
제3회 적도문학상 시 부문 최우수상 (주 인니 한국대사상) 수상
문학고을 신인 문학상 수상
문학고을 등단 시 부문
현) 문학고을 인도네시아 지회장
공저
"종합문예지청목" 다수 참여

붉은 독백 외 2편

서기선

나는 하늘에 매달린 고독한 심장
스스로를 갉아먹으며 숨을 이어간다

너희는 내 품을 원망하며
덥다 괴롭다 중얼거리지만
그 말들은 내게
내가 건넨 포옹이 너무 짙었다는 고백일 뿐이다

내 안의 피는 불로 흐르고
내 숨결은 빛으로 번져
너희의 이마와 뼈마디에 스며든다

나는 하루도 쉰 적 없고
순간조차 고요했던 적이 없다
내 젖은 불꽃이고
너희는 그것을 마시며 자란다

언젠가 이 심장이 다 타고나면
검은 돌덩이로 식어버릴 터
그날 비로소 너희는 알게 될 것이다

덥다던 여름의 불평이
실은 생명을 잉태한
나의 오래된 고백이었음을

퇴직

전력을 다해 뛰었다

숨이 차올라 목구멍에선 미처 삼키지 못한 젊음이 쏟아져
나왔다
손바닥으로 막아 보았지만
주름진 손가락 사이로 빠져나온 젊음이 세상 위로 떨어졌다

그때 누군가 말했다
"거 노인네, 적당히 좀 하시지 곧 퇴직할 양반이"

나는 '노인네' 라는 말보다
'퇴직' 이라는 말에 베였다

날숨보다 더 깊은 곳을 파고들어
심장 뒤쪽에서 노쇠한 부아가 꿈틀거렸다
치밀어 오른 부아를 안구가 다독였다

그림자의 어깨가 몹시 떨렸다
아니 어쩌면 눈가를 적신 그것 때문에
흔들린 것인지도 모른다

고독

가을 벗이 문을 열고 들어와
내 곁에 걸터앉았다
어떤 말도 눈길도 없이

나의 시선을 따라
빈 노트를 바라본다

나는 차를 한 잔 따르고
벗과 나누어 마시다
묵은 한숨 하나 흘려 보냈다
내 숨결이 무겁게 내려앉는 순간에도
벗은 불편해하지 않았다

그리고 또 정적이 흘렀다

어쩌면 이 정적이
내 안의 웅성거림을 잠재우는
유일한 시간이기에

벗은 떠날 때도 인사하지 않았다

그저 문틈 사이로 흩어질 뿐

그리고 나는 비로소 빈 노트에 한 줄 적었다
"또 와도 괜찮아"

서기선 시인

1971년 강원도 영월군 출생
2023년 그림책 '방귀고래 핑구' 출간
2023년 전자도서 '시전' 출간
2025년 단편소설 '노스담' 출간
(現) 브런치스토리에서 작가로 활동 중.
문학고을 신인문학상 수상
문학고을 등단 시 부문
공저
문학고을 "종합문예지 청목" 다수 참여

파묘 외 2편

신기순

열 살 눈물로 닿았던 그 순간
어머니의 품 그리움 속

육십삼 년만 하얀 문창호지 안
두 어 개 흙덩이 된 엄마 유골
엄마를 소리 내어 부르고 또 불러보았다

남동생은 다섯 살 기억
멍하니 누나의 울음에
옆에서 소리 없는 눈물
흘러내리고 있다

힘들었지만 함께 모여 벌초하던
그 모습은 기억으로 남기고

부모님께 불효했던 지난날
후회하는 마음 가득 안고
돌아서는 나
이제 곧 나의 종착역도
다가오기에

이제 고향 땅도 허전하지만
부모님 그 사랑은 영원히
가슴 깊은 곳 간직하리라

마음속에 살아있네

산다는 것

산을 넘고 강을 건너도
바다가 있네

바람이 파도를 일렁인다
인간은 풍랑을 막을 수 없다

인간사 거기서 거기인데
마음을 비우고 비워도

어느새 가득찬 불안감
꿈도 사랑도 이루지 못한 채

석양이 되어 산마루에 걸쳐있네

가을이 더 아름답다

봄은 아기 탄생처럼 바람이 크고
설레는 계절

꽃을 가꾸듯 하는 일도 신바람 나며
희망이 샘솟고

아이가 성장해서 짝을 찾아
훌쩍 떠나가면 서운하듯

여름은 짧은 시간에 화려한 막을 내리고
꽃이 땅에 떨어지면 아무도 관심 없는 계절
가을은 그렇게 소리 없이 다가옵니다

머리 희끗희끗한 중년 노인의 모습을 닮은
해 묵은 소나무 품위를 보는 듯

가을은 넉넉하고 푸근한 멋이 있습니다
잎 새 하나 주워 책갈피에
간직하고 싶은 마음

누군가 보고 싶은 계절

그래서 가을은 더 아름다운가 봅니다

신기순 시인, 수필가

한국방통대 가정학과 졸업, 한국방통대 행정학과 졸업
MBC 여성시대 2회 당선
'무주 반딧불이 축제' 〈반딧불이 시〉 낭송시 선정
제2회 남천 정태운 시 낭송대회 금상 수상
고양시 백석동
바르게 살기 협의회장
원주여성문학인회 회원
원주 문협 회원
문학고을 신인문학상 수상
문학고을 등단 시 부문
문학고을 등단 수필 부문
(2024년 제65회 1차 공모)
문학고을 최우수작가상 수상
청목문학상 (작가대상) 수상
전) 문학고을 강원지부장
현) 문학고을 부회장
〈공저〉
'종합문예지 청목' 외 다수

내일 외 2편

안귀숙

내일이 오면
오늘은 추억이다

내일이 찾아와도
청춘은
내일도 청춘인데

노인은
내일도 노인이라
찾지 않는다

파란 하늘도
반갑지 않고

내일이 찾아와도
반갑지 않는 것이
노인이다…

내일이 없다면
늙지도 않고
죽지도 않을 건데…

슬며시 다가온 가을

꿈쩍도 않던 가을이
지난밤
훌쩍 담장을 뛰어 넘었습니다

준비도 않고
점령당한 가을 벌판
벌써 마음엔 황량한 바람이 부는데

슬며시 다가온 가을 바람은
사랑의 연서戀書를 쓰고

조석으로는 귀뚜라미 울음
풀벌레 노랫소리에 가을이 오고 있음을

한낮엔 미련남은
여름 햇살이 따갑게 쏟아져 내립니다

가는 여름
찢어지는 고성으로
악을쓰는 매미에 한많은 절규

이 또한
때가 되면 지나가리라

따가운 여름 햇살이
제풀에 지쳤는지 뜨거운 열기 꺾입니다

살랑이는 바람에
때 이른 갓 피어난 코스모스
수줍은 듯 바람결에 가녀린 몸 맡깁니다

동행

그대와 나는
인생의 동반자입니다

나이가 들어가면서
외로움은 찾아오지만
함께 나눌 그런 사람이 없었습니다

당신과 나의 만남은
인생의 아름다운 벗입니다

지금까지 걸어 오면서
쓸쓸함이 찾아 오지만
나의 외로움을 나눌 사람이 없었습니다

우리는 이제부터
인생의 멋진 동행입니다

나이를 떠나서
사랑으로 행복을 찾으며
못 다한 사랑을 함께 나눌 사람입니다

안귀숙 시인

59년 안동 출생
솔농장 대표
제9회 희망봉광장 등단 시 부문
문학고을 신인문학상 수상
문학고을 우수작가상 수상
문학고을 고문

공저
문학고을 계간 "종합문예지 청목"
시선집 외 다수

노란 은행잎 엽서 외2편

안찬호

살랑살랑 불어오는 가을바람에
노란 은행잎 내려앉는 저녁

까만 어둠이 내리면
가을밤 밝게 빛나는 별들만
그대 창가로 옹기종기 모아놓고

차마 전하지 못한
내 그리운 마음
창문 틈에 노란 은행잎 엽서 꽂아놓습니다.

가을날

초록빛 그리움으로
설레었던
봄날의 추억도

무화가 익어가는
뜨거운 열정으로 물들었던
여름날의 기억도

이젠 모두 다 떠나버리고
높고 푸른 가을 하늘 석양이
그리움으로 물든다.

가을 보석들

울긋불긋
빨강 노랑 파랑
가을에 물든 잎
고운 햇살 만나니
반짝반짝 가을 보석이 됩니다

이쪽저쪽 주머니 속에
가을 보석들로 가득 채웠습니다

안찬호 시인

1964년 전남 신안군(천사의 섬) 출생
건축업 (형틀목공)
문학고을 신인문학상 수상
문학고을 등단 시 부분
공저
"종합문예지 청목" 참여

고요한 울림 외 2편

양윤화

은빛 물결 따라 흐르는 하천길
난간 위로 스치는 바람
낯선 향기를 품고
이방의 속삭임이 귓가에 맴돈다

햇살에 반짝이는 조형물
눈부신 추억을 새긴다
낯선 듯 익숙한 풍경
새로운 이야기를 속삭인다.

안전모를 쓰고 허리를 숙여
오리걸음으로 들어서면
얼음처럼 무거운 침묵이
귀밑까지 파고들고
차가운 돌벽
 물방울이 서서히 떨리며
무한의 시간을 속삭인다

깊고 높은 동굴 속, 거대한 석주
시간의 무게를 품고

석순은 보이지 않는 위로를 향해 올라간다

긴 기다림 속에 조용한 울림
한 방울, 또 한 방울 억겁의 인내가 모여
단단한 형상을 남겼다

손끝에 닿는 차가운 질감
속삭이는 물소리
붕괴되지 않은 세계의 흔적
공기 중 미세한 습기
존재를 깨우는 숨결이로다

애써 높이 치솟지 않아도
조금씩 나를 당기는 성류굴에서
허리 굽혀 나직이 나를 내려놓는다
자연의 섭리에 순응하는 세상 만물의
이치를 이렇듯 살며시 보여준다

토닥토닥

무심한 바다는 언제나 변함이 없다
여전히 그 리듬과 동작으로
제 몸을 뒤집어 허옇게 거품을 뒤집어쓰며
시치미를 뚝 떼고 누워있다

넓게 펼쳐진 망망대해
눈이 부시게 빛나는 은빛 물결
바다 위 보석들의 향연에
근심은 파편처럼 녹아 사라진다

수월봉은 여전히 조용했다
차분하게 생각을 정리하기 좋았다
조용했지만 그 속에 속 깊은 따뜻함이 있었다
실처럼 가느다란 바람 한 줄기
내 등을 토닥토닥

희망

비릿한 갯바람 향기
안개로 흘러 옷깃을 적시고
살갗에 문신을 새긴다
수평선 너머 펼쳐진 구름
날개를 펴며 살포시 인사한다
치아를 드러내며 하얗게 웃는 바다
크고 작은 배들이 옹기종기 박혀있다

등기산 스카이워크 향하는 길목
 반가이 맞아주는 벽화
수많은 계단 오르막길
가파른 호흡 소리
콧등에 맺힌 땀방울
차오르는 말 한마디 날숨으로 뱉어내고
물 한 모금 마신다.

강화유리 밑으로 아름다운 후포 바다
콧등에 맺힌 땀방울은 바람에 사라지고
어깨 위 무거운 사연 바다 위로 뿌린다

다리 위에 흐르는 건 바람만이 아니라
속마음 한 보따리 풀어놓는다
거꾸로 바라본 세상 또 다른 길이 보여

양윤화 시인, 수필가

제주 출생, 30여 년 이어오는 자원봉사 활동
한국예술인복지재단 예술인(문학), 오라문학백일장 최우수상 (시)
문학고을 신인문학상 (수필)
의미 있고 아름다운 삶을 추구하는 지적인 낙천주의자, 전교 1등, 학생회장 자녀들을 명문대 보내고 글쓰기 시작, 브런치 작가 JIBS 마을 기자, 그린대로 동네 작가, 제주시자원봉사센터 홍보기자단, 제주시 SNS 시민기자단 (11~12기)
J,S,P,D 도민기자단, 제주연구원 지역사회보장계획 모니터링단
제주특별자치도 도정정책 모니터, 제주특별자치도 한라도서관 '한라독서회' 회원, 제주특별자치도 한라도서관 글쓰기 동아리 '글수다' 회장
제주도교육청 학생상담교사 자원봉사
〈저서〉
「반짝반짝 오늘도 빛나는 윤화 씨의 하루」 2020년, 탐라도서관
「놀멍 배웠수다」 2025년, 부크크
「전교 1등 학생회장 엄마의 일상」 2021년, 브런치 북
꽃길을 거닐다 2022년, 브런치 북, 놀멍 배우멍 2023년, 브런치 북
〈공저〉
글수다 2019년, 제주특별자치도 한라도서관, 당신의 마음은 꽃과 같아서 2020년, 평안의 숲, 글수다, 펼치다 2022년, 부크크, 일상을 읽고 나를 쓰다 2022년, 부크크, 나의 동네 일지 2023년, 동네문학, 오라의 꿈 2023년, 열림문화
글로 Grow 2023년, 부크크 글무을 2024, 글숲, 일곱 빛깔 글수다 이야기 2024년, 부크크, 한 줄의 지혜 한 권의 인생 2025년, 우당도서관
〈공동자서전〉「기억이 문장이 될 때」 2024년, 제주특별자치도 한라도서관

우로보로스의 뱀 외2편

양희범

꼬리에 꼬리를 물고 있다
어차피 이어질 거라면 닮지 말았어야지
부모가 뱀이니 딸도 뱀일 수밖에
유전자가 잘못했네
알면서도 탓한다

그건 그녀가 뱀띠인 탓이다

뱀은 꼬리를 먹는데요
그게 끝인지도, 시작인지도,
아무것도 알지 못하면서
모든 걸 다 아는 것처럼
결국, 꼬리를 문데요

그게 자신인지도 모르고
아빠처럼 살지 않겠다던 그 말이
꼬리에 꼬리를 물고 이어진다
시작은 거기에 있을까
물으면 물을수록 잔상은 강해져 머리에 남아

이정표를 남긴다, 갈 길이 정해진 것처럼

당신처럼 발레하지 않겠어요
혼자가 아닌 둘이 얽혀
뱀처럼 탱고를 출 겁니다

당신의 삶은 어디까지 돌고 돌 것인가

허물을 벗어도 뱀은 뱀이기에
삶의 바통을 이어받고

더 나은 사람이 될 수 있겠죠

알파이자 오메가입니다

작은 방

햇빛을 숨긴다
암막 커튼을 닫는다
그리움이 빠져나가지 못하도록

너를 안던 공기 하나도
빠져나가지 못하게

바람 한 점에도 사라져 버릴지 모를
그 기억들이 새어나가지 못하게
시간의 흐름마저도 알 수 없게

모든 것을 정지시킨다
마치 죽어 있는 시공간에
서 있는 것처럼

살아 있음을 알게 하는 건 죽음이래
사라지면 알게 될 거야
내가 얼마나 널 사랑했는지

네 말이 혈관을 타고 돌아

머리에 다다른다

눈떠야 할 시간이 온다
삶이 죽음을 증명하듯이

눈뜨면 알게 되겠지
사무치게 그리워했다는 사실을 너의 부재가 증명했듯이

모든 것이 흘러간다
한 번도 멈춘 적 없는 것처럼

눈뜬다
여전히 작은 방이다
태어나 한 번도 떠난 적 없다

아브라소Abrazo[*]

춤을 추기 위한 첫 번째

안으세요
안기세요
안아주세요

혼자서는 출 수 없는 춤이기에
한 번이라도 알아볼 수 있었다면
안아주세요

아직도, 당신은 혼자 서 있네요
사람(人)은 서로 기대어 서 있는 겁니다
홀로 섰다고 착각하네요
그 춤이 완성되지 못한 이유겠네요
심장박동을 느껴본 적 있나요
가슴에 와닿는 그 떨림을

넌 단 한 번도 춤을 춘 적이 없어, 그저 만졌을 뿐

---

* Abrazo: 팔로 꼭 조임, 포옹, 성행위, 무엇이든 이건 안는 거다. 춤
은 안기부터 시작한다. 안아야 출 수 있다. 안아야 심장을 느낄 수 있
다.

아브라소가 뱀처럼 상대를 휘감지
탱고, 그 사창굴의 뱀
그걸 사랑이라 할 수 있겠니

안으세요
안기세요
안아주세요
탱고를 배우세요

네 심장이 하나가 될 때까지, 탱고를 배워라
어머니는 말씀하셨다
눈을 감고 그를 느껴, 그와 네가 하나의 축에 설 때까지

안는다는 건 만진다는 것
만진다는 건 느낀다는 것
당신의 심장을 느끼고 싶다는 건
그게 탱고라는 걸

춤추는 사람들에게
그 탱고 리듬이 이정표가 되어

불을 밝혀줄 거야
열정의 입김에 기운 난 뱀들처럼

열등감이 만들어낸 간극이 리듬을 만든다
벌어지면 안 된단 걸 알면서도 멀어지고 만다
사랑 좇는 그 인간쓰레기

춤을 춘다
쓰레기들이
뱀처럼 엮여 있다
그 열정이 검게 불타고 있다
심장이 멀어져 있기에

춤추는 슬픈 생각들이 심장으로 만났다
가슴으로 추는 춤이 있다면 그건 탱고야
어머니의 말씀처럼 심장박동을 느꼈다

양희범 시인

원광대학교 원불교학 학사
원광대학교 문예창작 복수 전공
원불교 대학원 대학교 석사

수상
소태산 문학상 우수상(시 부분)
 '백일홍 붉게 번지는 날'
소태산 문학상 우수상(소설 부분)
 '돌아오지 못할 연꽃'
문학고을 등단 시 부문
공저
문학고을 "종합문예지 청목" 외 다수

퐁당fondant[*] 외 2편

염여명

그제도 어제도 퐁당퐁당 녹아내렸다

얼음조각이 녹아내리는 순간
그 찰나의 잊히고야 말 변화를 바라보네
차가운 손길로 뺨을 어루만지던
그 단단한 심장이 서서히 사라지는구나

물방울이 되어 낮은 곳으로만 가려는 나
그 투명한 속에 담긴 삶의 흔적들
손끝에 남은 서늘함이 서서히 사라질 때
나는 그제야 깨닫는다, 모든 것은 변한다는 것을

녹아내린 얼음처럼 지난 세월은 어디로
바람에 흩어지고 강물에 실려 바다가 되었나
애써 그 자취를 찾아보려는 이 순간에도
녹아내리며 변해가는 삶의 흔적들

녹는다는 것, 그것은 사라짐이 아닌
새로운 모습으로 거듭나는 것

---

* 퐁당(fondant) : '녹는' 이라는 의미의 프랑스어

내가 세상이라는 바다에 녹아드는 것처럼
우리도 서로의 일부가 되어 변해가겠지

녹는다는 건 두려운 일이 아니야
삶이라는 파도에 갈리며 인내하는 모래알처럼
그 변화의 순간들을 소중히 간직하지

나는 오늘도 조용히 녹아내리는 중

모를 내일마저도 시나브로 녹다가 물제비처럼 퐁당퐁당
가라앉겠지

오므리다

오므린다는 건 위축이나 방어가 아닌 낮은 도약

작은 손아귀에 꿈을 모으고
무릎과 몸을 오므린다는 건,
한동안 온전히 힘을 쓴다는 것
그 안에 담긴 저림과 떨림이 서서히 퍼져간다
마치 춘삼월 만개를 준비하는 봉오리처럼
마음마저도 조용히 오므려지고,

두 손 꼭 쥐고서 바라보는 하늘,
그 속에 무수한 별들이 반짝일 때
하나씩, 하나씩 별에 소원 담아 오므리면,
별빛마저도 마음에 스며들고,

나를 이루는 이름들이 하나둘 떨어져 멀어져 가고자 한다면
열흘도 못 견디고 꽃잎 떨구는 꽃들과
못 하는 술 한 잔에 쓰디쓴 담소 나누며
떨어진 꽃잎과 잊힌 이름들,
아득히 저 멀리 아주 사라지기 전에
마음에 더 깊이 오므려보고
그 속에서 찾은 작은 위안들, 내 얼굴들

겹겹이 쌓이는 끝없는 낙화 길 위로 나를 부러 떨궈 본다

오므린 마음속에는 언제나 소망이,
그 들끓음으로 아직 세상 향해 뛰쳐나가려 할 때
두 손 꼭 쥐고서 바라보던 하늘,
그 속에 내 꿈 담은 무수한 별들, 아직 반짝이는가 자세히
보고
작은 손짓 하나로 그러지 말라 다독인다

오므리고 펴는 사이,
그 작은 손짓 때문에 나는 조금 더 자라난다

온통 헐겁게 벌려진 소망들을 주워 알차게 오므려 다시
별에게 주고,
밤하늘에 작은 손짓으로 이름도 불러보고

상대적 불모지

강함은 뜻과 기준을 자기 쪽으로 끌어당긴다

상대적이란 건 주관적이라는 못된 버릇

풀 한 포기 자라지 못한다는 것은
사람조차 자랄 수 없는 곳이라 넘겨짚고
미개할 것이라는 불편한 시선으로 째려본다

불모지에서 나고 자란 개체들
문명에게 손 한 번 벌리지 않고 살았어도
그들은 아무렇지 않았다

도로가 반듯해 시간의 자유가 있을 거라는,
거친 삶이 아니어서 세련되게 살 거라는 것은
우리의 상상일 뿐

문명을 이끈다고 이 땅의 주인일까
사람 편하자고 그동안 저지른 파괴들
강함에 맞춰진 수많은 홀로코스트들

오미야콘* 뼈의 길처럼
수탈당한 몸뚱어리들은 영원히 깔려있는데
왜 신은 아무 말도 못 하는 그들마저 버리는지

어디쯤이 아니라 아무것도 없는 곳
아직도 꿈이 팔리고 있다고 여겨지는 불모지

그곳은
힘들어 보이는 수십, 수백 명이
나와 당신들보다 더 행복할지도 모른다는

강한 것들에게 고개 떨구지 않고
문명의 유혹에 힐끔거리지 않는
눈치 없이 살아갈 배짱이 있는

어쩌면 파타야의 밤보다 찬란한 별들을 볼 수 있는 그곳
이제 우린 끌어안을 수조차 없지만

불모지의 그들은

---

* 오미야콘(Oymyakon) : 러시아에 있는 영하 60도 정도의 세계에서
가장 추운 마을.

수많은 별처럼 매일 빛날 수 있는

그게 바로 상대적이란 거지

염여명 시인

롯데쇼핑 슈퍼사업부 MD팀장,
SV팀장, 물류운영팀장 역임
《한국문학예술》《문장21》《문학고을》《미래시학》시부문 신인상 당선.
시인뉴스포엠, 시산맥, 청목문예지 등 작품 발표
이메일 -memozzang7@naver.com

예술의 혼 외2편

오향숙

길을 걷다 보면
못생긴 돌덩이 하나 걷어차여
님은 못 본체 버리지만
특별한 애정으로 어루만지지

정성껏 살피고, 정교하게 다듬어
가장 빛나게, 아름답게
설계에서 작품에 이르기까지
경이로운 혼을 불어넣지

대자연의 기를 품은 옥이
신비로운 자태를 뽐내면
땀방울 엮어, 입김 불어
특별한 선물로 탈바꿈하지

여정이 복잡하고 오묘하여
고뇌의 동요를 거듭 거친 후
처절한 애원 담아
비로서 탄생하는 명주
진정 의미가 있어야 명품이다.

공수래 공수거

빛으로 태어나서
빛처럼 살다가
빛으로 돌아간다

광명천지
부처님의 지혜로
영광을 누린다

복된 삶은
인사 잘하고
베풀 줄 알고
남의 이야기 귀담아 듣고
상냥한 미소로 화답하고

복 없는 사람은
미운 짓만 골라한다

참회하면 다시 태어난다
남을 이롭게 하는 자
대웅전에 모셔진다

남을 해치는 자
죄는 부메랑되어
돌아오니 내 가슴에 꽂힌다

아침에 눈을 떠
새로운 세포 얻으니
빛으로 생명 이어간다

잠에서 깨지 못하면
어둠은 두려움 부르고
광명은 두려움 쫓는다

잠에서 깨어나
지혜를 얻으면 광명이고
아둔하면 불행이 덮친다

착하게 사는 건
모지람이고
슬기롭고 지혜롭게 살아야 한다

간절해야 노력하고
소원이 이루어진다
기도를 해야
원하는 바를 알 수 있다.

커피 향

오고 가는 인파
붐비는 커피 맛집
구수한 입담에
미소가 머문다

깨끗한 백색 컵에
진한 갈색 커피
따뜻한 정 한 스푼 넣어
마음이 흐뭇하다

갈망의 목마름
무거운 발걸음 따라
가만히 보니
곡선이 아름답다

인연따라 머문 곳에
미래가 보이고
자세히 보니
풍만한 향이 탐스럽다.

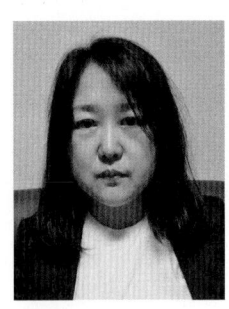

오향숙 시인

71년 충남 아산 출생
시학과 시 신인문학상 수상
시학과 시 등단 시 부문
시학과 시 정회원
프랑스 파이아트 컬렉션
시 부문 우수작가상 수상
공저
문학고을 계간 '종합문예지 청목'
시선집 다수
〈시집 〉
'그리움을 넘어' 1집 출간

집에 가는 길 외 2편

유광식

헐레벌떡 뛰었는데
신호등이 불빛에 나는 멈췄다

기다리던 버스
더 기다려야 한다.

가벼운 옷 입은 나는
초겨울 바람이 옷깃을 여민다

몸은 한껏 움츠러들고
호주머니에 손을 숨긴다.

어릴 적, 버스를 탈 때
등을 떠밀던 안내양
버스 기사님의 포근한 눈빛
히터 바람은 몸을 녹여준다.

잠에 취해 눈을 떠 보니
아차—
다음 정거장이
내릴 곳이네.

저물어 가는 바닷가에 누워

등줄기 타고 흐른 땀이
옷을 흥건히 적신다.

저물어가는 노을은
서산에 누워
수평선 위를 붉게 물들이며
말을 건다.

"슬픔이 가슴을 열고
너를 안아주면
외로움도 달랠 수 있단다."

갈매기 한 마리
하얀 날갯짓으로 날아올라
둥지를 찾아
친구 곁으로 돌아가고

어둠은 무거운 생각을 감싸며
고독한 나를 어루만진다

그리고 손짓한다
밝아오는 내일을 향해

향수

밤새도록 흔들리던 촛불,
더덕더덕 붙은 촛농이
사색에 잠긴 나를 붙잡는다.

아침 햇살을 받으며
밤새 흘린 눈물을 삼키고,
진한 향기는 나를 멈추게 하여
가시 사이로 얼굴을 내민다.

지난 오십 년
꽃잎과 꽃만 보이던 너였는데
오늘은 내 앞에 서서
가까이 다가와 말을 건넨다.

성큼 꺾고 싶던 마음은
지난 세월 속에 묻어 두고,
이제는 조용히 바라본다.

유광식 (호: 山海) 시인

제2회 기초의원선거 서울시 성북구 출마.
필리핀에서 의류제조 16년 경영.
부동산 권리 분석사 1급 취득.
시집 출간 (머문 시간, 머문 마음)
현) 유튜브에서 영상으로 편집,
(시를 좋아하는 산 해, 독자들과 만남)
현 : 부동산 매매 사업자 대표.
2025 년 8월 5일 문학고을 (시, 부분)
신인상 등단

산그리메 외 2편

윤승희

그리움이 모여드는 산그리메
꽃피고 새 우는 사사로운 일이
온 우주를 깨우지
산그리메가 그린 녹음 아래
찰나의 순간으로 견디는
우리 숨결도 채우네
구슬픈 사연 외마디 비명에도
답 없는 메아리
산이 내어주는 그리운 품 찾아
어려운 걸음 잊고 오르네
산그리메 산그리메
네 사연은 우리구나
능선따라 한 자리 비집고
어깨를 나란히 나란히
곁을 다독이네

하얀 연필

검은 연필로 썼더니
내 마음 전부 들켜버렸네
보이지 않게 하얀 연필이 필요해
빠짐없이 감춰 둔 마음
실컷 써버리게
하얀 연필로 써야지
아무리 마음을 써도
볼 수 없으니
들켰던 마음 수줍지 않게
모른 척 웃어버리지
그대 생각이 선명해질수록
작아지는 하얀 연필
내 마음 그대에게 포개지는 날
그대 마음에 내가 박히게
검은 연필로 새겨야지

나비집

벌집을 닮은 하얀 나비집
나비들이 우글우글 뭉친듯
밥알이 몽글몽글 뭉친듯
참 꽉 찼네
얼마나 무거우면
키 작은 나무로 살까
이고지고 수국나무엔
나비집이 와글와글 달렸네
다닥다닥 잎새가 꽃을 받들고
목이 말라 수국이구나
얼마나 참하길래
온 동네 나비들이 구경 오나
수국은 좋겠다 벗이 많아서

윤승희 시인

83년생 대전 거주
어린이집 교사 10년간 재직
문학고을 신인문학상 수상
문학고을 등단 시 부문

내 복을 바라보다 외 2편

이가령

물 위에 집을 짓고
하늘을 벽삼아 사는 사람들.
햇살이 식탁 위에 춤추고
달빛이 베개를 같이 베는 곳
나무 한 그루 없어도 아이들은 웃고 있었다

나는
전기 혈관이 도시를 밝히고
물의 노래가 수도에 흐르며
비바람도 끄덕없는 견고한 성에 살고 있지

언제부터인가
불편의 그림자도 허락하지 못하고
욕망을 저금하며 살고 있었네

그들을 뒤로하고 돌아오는 길
물비늘처럼 반짝이는 강물 위
초라하게 비친 내 얼굴이 뜨듯해졌다.

내 받은 복
샘물처럼 나누는

지혜를 찾지 못하고…

오래 된 소파에 몸을 묻고
내게 주어진 조그마한 거울을
고요히 바라본다.

복이라는 착각

물 위에 집 짓고
하늘을 천장 삼아 사는 그들을 보고
나는 돌아와 말했다
"나는 복받았다"고
극기 훈련 같았던 내 인생이
그런 축복이 없더라
내 삶을 다행이라 여겼다

그들의 하루는
물 위에서 균형을 찾는 고요한 줄타기였고
나의 하루는
단단한 땅 위에서
걱정에 휘청이는
철근 없는 빌딩 같았다

나는 감사라는 단어로
누군가의 결핍에
온정을 가장한 관람을 했다
그들의 삶은 '다르다' 가 아니라
'덜하다' 로 느꼈고

그 덜함에 기대어
내 삶을 다행이라 적었다
복은
누가 더 가졌느냐의 경쟁이 아니다
어느 삶이 더 반듯하냐의 순위도 아니다

진짜 복은
딱 맞는 신발처럼
내 발에 고요히 깃드는
부끄러움 없는 이해다

매달리다

심장을 흔드는 단어를 엮어서
간 졸이며 만든 문장 한 구절

'기회를 좀……'

꽉 막혀버린 목구멍
바싹 타들어가는 입술
냉수 한 모금도
벽처럼 단단한 등판이 막는다

구두코만 바라보고 돌아오는 길
길게 늘어진 석양의 그림자도
힘없이 휘청거린다

침대 위로 던지지는 웃옷
패대기쳐지는 오늘 하루
스러지듯 눕는다

울렁울렁 몰려오는 파랑이
커다랗게 천장을 맴돌다

와와아 달려든다.

나는 안간힘을 다해 바닥에 매달린다

이가령 시인

칼빈대 인문학 박사
국립국어원 공무원 대상 글쓰기 강좌 담당
MBN '성공다큐 최고다' 출연
세바시 '인생질문' 출연
현) 우리글진흥원 교육원장
문학고을 신인문학상 수상
문학고을 시 부문 등단
공저
종합문예지 "청목" 창여

계단 외 2편

이성의

무릎을 꿇고
부동의 자세로
언제부터 앉아 있었던 것일까

층층의 굽어진 무릎들
흐트러짐 없이 평평한 자세
깊은 밤 비라도 쏟아져야
자세를 고쳐 무릎들 한번 쭉 펼 수 있을까

무릎들 위에 놓인 빈자리의 마음들
무엇을 애타게 기다리거나
슬프게 떠나보낸 마음이 아닌
고요와 침묵의 표정

평생 앉은 자세로 무릎 꿇고
머물고 간 것들을 위해
기도하는 것일까

너를 바라보거나
너의 무릎에 앉아있거나

너를 밟고 오르면
기도하게 되는 순한 마음이여

처서 處暑

데울 줄만 알았지
식을 줄 몰랐던 우리들의 여름아

펄펄 끓는 한낮에
죽어라 울어대는 매미소리에도
호응하지 못했던 우리들의 여름아

지리했던 장마도
삶의 한복판을 핥고 간 태풍도
참고 견딜 수밖에 없었던 우리들의 여름아

모든 순간들 눈물겨웠으나
오롯이 우리를 성찰케 했던 순례의 시간들

하늘에서 어떤 조화를 부렸나
아득히 먼 북풍이 불어와
삽시간에 물러서는 무더위

새벽녘 창문틱 넘어 한 움큼 가을이
잠들어 있는 내 발등 위를 서늘하게 올라탄다

가을날 성곽에서

하늘과 구름, 차들과 일상들
쉼 없이 흐르고 흐르는데
성곽은 멈추어 있다

바삐 움직이는 도심 한복판
홀로 멈춰 선 성곽
오래된 생각은 가치가 된다
성벽이 담고 있는 오래된 소리와 이야기들은
울림이 된다

마음이 허물어진 날
굳건해지고 싶은 마음에 걷는 성곽길
한참을 걷다가 뒤돌아보면
성큼 걸어온 길 아득하다, 세월처럼

성에 살던 사람들과 그들의 삶을 지켰던 성곽
다 사라지고 없어진 자리에서도
흔들림 없이 머물러 있다
진정 지킨다는 건 이런 거겠구나

세월을 견디는 아픔이었을까
깨지고 부서진 성벽들
그 사이로 무성한 풀들이 그리움에 흔들리는데
이는 그대를 지켜야 할 이유 같은 것

맑고 높은 가을 하늘 어디에도
그대의 흔적 찾을 수 없지만
성곽처럼 굳건하게
그대가 있던 자리에서 머물러 있겠다

이성의 시인

74년 충남 천안
북일고 / 명지대 전기공학과
現 LIG넥스원 전자기전연구소
문학고을 등단 시 부문(22년)

신사와 장미 외2편

이세종

무성한 풀 사이에서
코끝을 자극하는 한 여인의
향이 신사를 멈추게 하였다

향이 이끄는 곳에 서서
붉게 물든 꽃잎이
신사의 입맞춤을 기다렸다

가까이가 눈을 감고
그녀를 맞이하며
온몸으로 들이켰다

한참을 들이키며 가만히
눈을 떠 꽃을 보니
붉은 장미 하나가 나를 흡입하며
활짝 너울거린다

그토록 애타게 찾아 헤맨
첫사랑 봉순이가
먼저 보고 장미 향 가득
나를 안았다

그 말하면 눈물이 나와

전화하다가
알았어. 끊어
그러면 슬퍼져요

할 말 없지
아니. 그럼 말해
그러면 슬퍼져요

헤어지며
뒤를 보지 않고
그냥 가면
그러면 슬퍼져요

하루 종일 바라보다
헤어지며, 잘 가
그 말하면 눈물이 나와

서울 생활

너는 네가 지금
얼마나 잘하고 있는지 모르지
혼자서 밥 먹고
혼자서 학교 가고
끝나면 레슨 받고 연습하고

나는 그렇게 하고 싶어도 못 했어
왜냐면 혼자서는 자신이 없었어

두려워서 못 했고
알고도 못 했고
자신도 없었어

너는 어떻게 버텼냐고 물었더니
무서울 때 울고 두려울 때도 울고
힘들 때 울고 보고 싶을 때 울고
지칠 때까지 울다 보니
눈물이 안 나와서 버텼어 라고 했다

이세종 시인

군장대, 원광대 사회복지학 겸임교수
전주비전대학교 건국사이버평생교육원 교수
익산장애인권익문제연구소 대표이사
사단법인 새해밀 센터장
2023년 문학고을 시 부문 신인문학상 등단
2024년 문학고을 동시 부문 신인문학상 등단
2023년 영광21신문사 불갑산상사화축제 입선
문화고을 9,12,13,14,16,17 선집, 청목 출품
문학고을 우수작가, 최우수작가상 수상

집요하게, 더 집요하게 외2편

이애리

웅크렸던 심장이 뛰는 대로
땅이 들썩인다, 돌들이 움찔움찔
씨앗이 틈을 갈라 열매를 달고
하늘을 향하면

세상의 생명들이 지상에 자리를 편다
혼의 기법이 박차고 나가는 시간의 바깥들
집요한 오름엔 자비가 없다
겹겹 고뇌의 싹이 뿌리를 걸친다

손톱 밑 터진 살을 비집고 나와서
남기는 핏빛 지문
살 베인 틈으로 빨간 꽃이 핀다

창이 빛살을 타고 향하는 하늘
건조장에서 오후를 그린다 새긴다 깎는다
파고 고르고 사포질한다
눈이 안 보일 때까지.

(충북 청주시 남이면 팔봉리, 고 '김복진' 조각마을에서)

만종리 대학로엔*

토요일마다 해바라기가 핀다
다슬기 내장 같은 산길을 돌고 돌아
멀미 나는 연극 농사를 지었다

해바라기밭에는 '고흐' 가 온다는
소문을 내고, 신촌을 떠다 심은 만종리 25년
농사꾼 연극쟁이들 중년이 되었네

한낮 쓸쓸한 극장 벽의 살갗이 벗겨지고
'빨간 극장' 엔 우편물이 없다
빛바랜 플라스틱 의자가 객석에 앉은 마당
현장은 불경제여도 해바라기는 핀다

청회색 시스루 같은 하늘지붕에
산은 벽이 되고 들이 배경이 되는 시간이면
귀뚜라미가 반기는 가을은 마법 같아
만종리 밤은 연극에 든다, 빨간 극장이 꿈틀댄다

전구가 터지듯 불빛 부서지면
소극장 하늘 기둥에 걸린

_____
* 충북 단양군 영춘면 산골 연극마을

활짝 핀 해바라기가 샛노랗도록 밤은 익어
연극이 끝나고 웃다가 울던 그대로

춤추는 고독이 돌아가는 길에
흰 손수건을 돌린다, 쪽 달이 함께 돌고
아를의 '노란 집'*에서 기다리는 건 해바라기뿐

하늘 지붕이어서 아무도 떠나지 않는
비 내리는 무대엔 마른 안개꽃이
목을 축이고 있었다.

---

* 반 고흐가 프랑스 아를에서 거주한 이상과 인간적 갈망의 공간

소년, 신의 춤을 추다

와이어 없는 공중 날기는 꿈이 아니다
결코 지상에 닿지 않을
박제된 꿈을 길어 올린다

몸부림을 발가락에 걸고 하늘을 향한다
앞뒤가 바뀌는 허리
한 가닥 매듭에 웃음을 묶어놓고
바닥에 숨 한 오라기 뱉는다

다시 돌려놓는 허리
맷돌이 한 바퀴 돈다
옆구리를 비집고 나온 것은
토해내지 못한 울음이 갈린 것

갈린 울음에 섞인 웃음이 분말처럼
날려 뿌옇다
꺾인 마디들이 서로 엇갈린다
발가락 하나까지 꺾어 날린 후

목을 돌려서 본, 바닥에 뱉은 숨 오라기

또 다른 한 줄을 덧대서 꼬았다
시간이 멈춘 순간
발등에 걸고 공중을 차고 올랐다

소년의 흰 장삼과
빨간 바지만 남았다
신이 그제서야 소년을 맞이한다.

이애리 시인

경남 마산 출생
1989년 '월간 에세이' 신인상
'살아있는 돌산' 외 3편
1992년 '샘터샤' 동화
'나도 새처럼 날고 싶어요' 수상
2023년 '세계직지문협' 단행본 여행수필집
'만나러 간 만나고 온' 수상
2024년 '효동문학상' 수필창작문학상공모
'마음문 여는 길' 외 1편 수상
2025년 '문학고을' 신인문학상 수상,
시부문 등단
'쪼개기', '플라스틱 거울이 다가와' 외 1편
현) 충북여성문학 여백회, 금요시 동인
공저 - 문학고을 "종합문예지 청목" 참여

어느 소나기 오는 날 외2편

이정범

요즘 가을이
문앞에서 서성이다
가고 또 온다.
오늘도 왔다가
눈물만 펑펑 흘리고
되돌아간다.
옛날엔
안 그랬었다고 하며
매일 저녁에 왔다
아침이면 간다.
가끔은 울다가
웃으며…
가을이 문앞에서
서성이다
다시 돌아간다.
양보심 없는 여름을
원망하고 미워하며
다시 왔다 가고
또 온다.
가을이…

운명

우리의
운명은 찰라의
순간이다.

행복과 불행
만남과 헤어짐
죽음과 삶

어쩌면
모든 것이
한 순간에 결정
될 수도 있다.

바람

세상의 모든 것들이
온통 바람뿐이다.
자연의 바람,
사람들의 바람
사계절 내내
바람이 불고 또 분다.
그러나
그 바람들은
한곳에 머물지 않는다.
때가 되면
불어 왔다가
또 어느 순간
어디론가
훌쩍 떠나버린다.
머물지 않고…

이정범 시인

1960년 경기도 양평군 양동면 출생
2001년 다수의 자영업
2011년 국가유산청 창덕궁 근무
2020년 국가유산청 창덕궁 정년퇴직
2021년 국가유산청 종묘 현재 근무중
2025년 문학고을 신인문학상 수상
2025년 문학고을 등단 시 부문
공저
2025년 "종합문예지청목" 참여

흰 달 외 2편

이지선

짙은 밤, 파묻힌 소리들이 살아난다

죽었던 밤을 다시 추억한다
묘비를 서성이는 숨죽인 생각을 또 죽여야 한다
묘비에 적힌 서슬 푸른 사슬의 노래가 시작된다

추억이 된 것들이 모두 제자리의 색을 찾는다
용서받지 못 할 것도 때로는 너무 쉽게 식어버리고
용서하는 것보다 빠른 건 바짝, 내 뒤의 삶이다
떨어지는 흙무더기를 털고 일어난 저 소리들은
언젠가 용서가 된 추억들뿐이다

독한 사슬에 묶인 기억들이 일어나기 전
그저 외면하다 잠이 들면 그뿐인 날들

가끔 사슬의 소리에 깨어나면
돌이킬 수 없는 하나의 길이 열리고 그들이 온다

그제야 뜨는 흰 달, 밤이 짙을수록 밝아지는 저 흰 달
웅크린 채 이불을 턱 끝까지 잡아당기고 숨죽인다

잠든 척 눈을 감은 아래로 둔탁한 사슬이 지나간다
녹슬고 곧 부서질 거친 숨소리를 내는 발자국들이 한참
지나가고

온몸에 땀이 흠뻑 젖는 새벽까지 달의 자리에서는
살아 있다는 것이 때로는 정답이 아닐 때가 많다
아직, 나는 사슬의 눈을 마주칠 수 없다

밤이 지날수록 사슬은 더 녹슬고 견고해진다
소리는 기억하지 못했던 기억을 주고 간다
알 수 없이 꼬여버린 사슬의 끝에 끌려가는 얼굴을 볼 수
없다

도망칠 수밖에 없는 저 소리
벗어날 수 있는 건 오로지 죽음뿐일지도 모른다
캄캄한 하늘에 달을 띄워서라도 나는 살고 싶었을까

사람들은 모두 저마다의 달이 있다
가장 어두운, 또는 곧 사라질

겨울. 그 밤

소주를 들이부어도 취하지 않던 밤

대신 취한 겨울바람이 휘청거리고
널브러진 바람의 손이 가슴을 할퀴었다

콜록거리는 1월의 야윈 볼에 언 손을 비비는 밤
너도 춥구나

진한 알코올 냄새가 밤의 입김에 스며들고
휘청거리던 버거운 밤이 쓰러졌다

바람과 추위에 붉어진 밤
몸은 취해도 기억은 선명해진다

그렇게 떨며 비틀거리는 밤에
너를 향한 진심을 소주잔에 부어 버렸다

CCTV

새어 나오는 저 빛이 내 눈을 멀게 한다
그녀는 기꺼이 거기에 갇혀야 한다
나오면 아무것도 할 수 없는 현실을 바라봐야 한다
얻을 수 없는 친절함을 구걸해야 한다
어떤 빛도 새어 나오지 않게 문을 꼭 닫아야 한다
티브이와 깜빡이는 전등의 빛
방문 사이로 흘러나오는 저 밝음까지
이제 그만 어둠으로 들어가야 한다

그녀를 비추는 빛을 죽여야 한다
그녀를 바라보는 나를 위해

오늘도 그녀는 한참을 배회하다 문을 닫았다
문틈으로 나오는 저 빛 때문에 나는 CCTV를 끌 수 없다
오래된 질문은 가장 난해한 표정으로 답을 했다
질병 같은 우리는 병의 근원지를 알 수 없다
우리는 가장 끈질긴 빛을 서로에게서 발견한다
나는 쪼그려 누워 핸드폰으로 그녀의 빛을 본다
꺼져버린 거실과 연결된 빛나는 방 틈 사이

그녀는 지치지 않는 빛을 가지고 있다

이제 그만 제발 어둠으로
아침을 맞이할 밤으로
꺼지지 않는 빛을 향해 뱉어보는 숨이 뜨겁다

그녀의 빛은 가장 어두운 나의 밤에 깜박인다
눈이 감기는 순간까지도 꺼지지 않는 우리의 빛은 길다
순간처럼 툭 꺼지는 빛
안도하는 숨소리가 차갑게 울리면 이제 나의 밤은 시작된다
꺼지지 않는 나의 빛이 끈질기게 시작된다

내 모습을 내가 볼 수 없어 다행인 이 밤들이
나의 존재를 잔인하게 확인시킨다

이지선 시인

2022 문학고을 신인문학상 시부분
2022 문학고을 최우수상
2022 〈모퉁이가 있다〉 시집 출간
2023 부평구문화재단 시소 입주 작가 (창작부분)
2023 연희동 문학창작촌 12월 입주 작가
2023 〈내 마음이 지옥 같아서〉 시집 출간
2023 인천시 신진예술인 시 부분 선정
2024 문학고을 청목문학상 (작가대상) 수상
현) 문학고을 등단 심사위원
〈공저〉
2025년 "종합문예지 청목" 인문학 기고
〈저서〉
2024년 신작 환타지 소설 〈서점마계〉 출간
2025년 시작 세 번째 시집 〈흰 달〉 출간

곱닥한 제주도 외2편

이지훈

제주의 터줏대감 한라산이여
탐라가 버텨줌에 제주가 산다

한라산도 높은디 저곳 백두까지
저 구름도 높구나 푸른 제주바당

무사영 여기저기 돌도 많음광
이추룩 산도록한 물맛 최고여

삭삭더운 여름날에
조작배띠 조팥검질

보리밥에 콩잎 자리젓
흐린조밥 멜젓 노몰에

커가는 자식들 아끼는 조냥정신
웃음을 낙으로 어와둥 두리둥실

는착한* 4.3 아픔 고득한 제주

---

* 는착한 : 가슴 애절(애잔)한

제주의 이곳저곳 보물섬이네
들러키는* 제주바람 쎄기도 하여라
제주만큼 곱닥헌디 찾아도 없구나

---

* 들러키는 : (동사) 날뛰다

정방폭포 255명

참 높고 맑다
내리는 물이 시원하다

이 물에
피의 내림이 있었으니
이유 없이 그냥 잡혀온 몸
서릿발 밤이 지나고 날이 밝아
또 밤이되어 어두워지면

정방폭포 소남머리
절벽 곳곳 논밭 이곳저곳에서
명을 끊어내는 총과 태작소리

즉결 명분으로 끊어진 목숨
시신은 남아
집으로 돌아갈 소원이련만

그 마저도 저 멀리 바다속
푸른 바다로
내동댕이쳐진

그 육신 255여명

뭔 죄가 있어서
이리도 가슴 터지고 멍들게 만듦인가

세월이 흐름에도
애통함이 가득한
멸치꼬리 하나 못 먹는 아픔을 멍에 지운

떨어지는 폭포소리에 맞춰
저푸른 바닷속 깊이
저 너머까지 목 놓아 소리쳐 본다

'망자여'
'원혼이여'
저 더 멀리 있는지 대답이 없음이다

바람 찬 거친오름

찾아온 4.3
변함없이 기약된 날
푸르름과 찬바람 위세 내세우는 초봄의 4.3

저 하늘 높은 곳
구름 가듯이
구름을 되돌려
거꾸로 본 시계

부모로 물려받은 생명
오로지 그 생명 하나만을 보존
이어가기 위함이니
제주의 산하
곳곳이 목숨 유지의 피난처

눈 덮힌 산야에서
숨 헐떡이는 피덩어리
피붙이를 품에 안고
어찌할 수 없는 모녀의 처연함

하늘 깨지는 기계의
천둥소리에 혼비백산
놀란 이내 가슴
이리 뛰고 저리 뛰고

내 몸의 일부가 떨어져 나간
단절된 입의 감각
몸이 분리된 절망감
고통을 감내하지 못한
피흘리는 죽음 주검들

검은 까마귀
까악~~까악~곽~곽
영을 이어 붙히는 영물인가

까마귀 무리에 덧붙혀
백합꽃 든 무리가
한 걸음 한 걸음 가득이다

영혼을 달램인지 부름인지

하늘과 땅에서
오늘은 둘이 친구가 되었다

억울함과 해원의 영혼이
위무가 된다면
까마귀와의 하루 벗 됨도 안 좋겠는가

裕豊(유풍) 이지훈 시인

전)강정공동체사업추진단장(국장)
역임 *공직 42년 근무(제주도청)
제주대학교 졸업(행정학사)
서울사이버대학교 노인복지학과 졸업 (노인복지학사)
문학고을 신인문학상 수상
문학고을 등단 시 부문
〈'수국' 복덩이 사랑〉〈조배기〉
숲 해설가(산림교육전문가: 산림청)
청소년지도사(여성가족부장관)
장애인지원협의회 위원(제주시 연동)
직장내장애인 인식개선 전문강사
대한적십자사 응급처치 강사
대한적십자사 인명구조요원(Life Guard)
대한적십자사 생존수영강사, 전국 대한철인3종협회 이사
전)서귀포시 영천동장, 전)제주철인3종협회 부회장
녹조근정훈장 수상
국무총리표창 수상
공저
문학고을 "종합문예지 청목" 참여

추억이 새고 있다 외2편

이현숙

조금씩 새고 있다

심장혈관에서 밀어내듯
쉼 없이 흔들던 치마 한 자락 속에서
더없이 커다란 생각이 흐르고 있어라

맘속에 묻혀 두었던 사실들이
하나둘 터져 엉기고 있어라

피어오르는 물거품 위에
얼굴을 숨기는 붉은 태양
수평선에 담지만
우리는 지나온 세월을
머릿속에 담고
강물처럼 흘러보내더라

무성하던 여름날의 초록빛 잎새
어느새 찬바람은 콧속으로 들어가는데
아카시아꽃 떨어진 자리에
추억의 말잠자리도 무성히 돌고

쳐다보는 둥근 눈망울은
가을 하늘을 바라보면서
타오름달을 잊는다,

토끼풀의 여백

공원에 바른걸음으로 걸어간다

저녁노을은
등에 매달려 따라온다
발길을 재촉하며
생수통은 땀과 함께
더위를 진행하고
따라오는 발소리는 푸른 잎에 매달린다

돌아가는 트랙에
싱싱 카, 세발자전거, 두발자전거를 타는
아이들이 공원을 자리 잡지만
슬몃슬몃 빨간 공을 가지고
두 다리 로봇축구 놀이도 한다

토끼풀 위에 뛰어노는 아이
얼굴빛이 붉게 차올랐다

모래놀이하는 아이도
엄마와 함께 있고

차분히 쪼그리고 앉아 있는 아빠는
아이의 마음을 아는지 모르는지
그저 빨대 꽂은
냉커피만 쭉 빨고 있다

붉은 해가 그늘막을 넘어갈 때면
아이는 그제야 엄마를 찾는다

하얀 발자국

아무도 밟지 않았다

우린 그 시절로 다시 돌아가는 듯
가볍게 손을 잡고 걸었다
붉은 안갯속을 헤매며
전에 걸었던 자드락길을
언제 왔었는지
기억은 가물가물하지만
그때를 생각하며 걷고 있다

붉은 해가 나를 붙들고 숨으면
길가에 가로등만이
아직 발등을 비추고
어둑어둑 그림자들은
소곤대는 골목길을 깨우고 있다

창문의 불빛이 꺼져가면
칭얼대는 아이에게
자장가를 들려주고
반갑게 안아주는

하루살이 형제들의
윙윙거리는 저녁을 따라서
우린 다시 걷고 있을 뿐이다.

이현숙 시인

1960년 서울 출생
김포문예대학 문예창작과정
제21기, 22기 졸업
문학고을 신인문학상 수상
문학고을 등단 (시부분)
문학고을 최우수작가상 수상
문학고을 제5회 청목문학상(작가대상) 수상
현) 문학고을 자문위원

생선 좌판 할머니 외2편

임상훈

속이 텅 빈 오후의 햇살
가로수 그림자를 붙잡고 잔뜩 늘어져 있는
보도블록에 보자기 생선 좌판을 깔았다

태평양이 나직이 철썩거린다

좌판엔 까칠까칠한 의문과 질문을 꼬아
마른 양미리 엮듯 숙명도 한 두름 엮어냈다

누구의 어미일까
누구의 아내였을까
누구의 딸이었을까
각각 다른 모양새로 뒤틀려 엮인 숙명들

등과 목은 완고하게 휘어져 낚싯대처럼
좌판 속으로 드리워졌다
무엇을 낚고 있는 걸까

뻣뻣해진 생선들이 바다로 뛰쳐나가는
선꿈을 꾸기라도 하듯

까딱까딱 고갯짓이 몽상을 낚는 걸까

바다 멀리 혈혈단신 바람처럼 달리고 싶은 걸까

오늘도 굽은 몸짓으로
볕이 밥풀처럼 떨어지는 곳을 골라
보도블록 찬 바닥에 한 줌 몸을 꾹 눌러 놓았다

하루하루가 괴어 얹은 돌이었다

겪은 인생이 가늘고 긴 것이어서
제 몸에 파고들지 못하는 곳이 없지마는

몸 밖으로 삐져나온 말을
철썩철썩 단호한 소리 안으로 밀어 넣는다

오늘따라 좌판 할머니는
정갈한 입성으로 차려입고

자꾸만 바닷속을 기웃거려본다

레인드롭*

오늘 비가 오고 우산을 쓰고
숲길을 걸었어요

우산대 끝 꼭대기에 수심修心을 얹혔지요
하늘의 귀띔 같은 소리들이
또르르 또르르 우산 속으로 흘러들어와요

등이 굽은 우산살 아래로
신열 같은, 빛바랜 연애담이
흐르다가 번집니다
왼쪽 어깨는 반쯤 축축해졌어요

살 끝에 매달린 아스라한 연심 같은 묶음이
풀잎에 찰방찰방 고이다가
쿨럭이는 바람결에 속절없이 굴러떨어지고
바닥에는 금기어들로 흥건해집니다

풀어놓지 못한 뒷얘기들은
뒤꿈치를 적시며 따라옵니다

_____

* 레인드롭: 일명 쇼팽의 빗방울 전주곡

우산을 빗겨 흐르는 우수憂愁
후일담에 토 달 일이 뭐 그렇게나 많을까
가늘어졌다가 굵어졌다가 흔들리다가

저들끼리 창살을 만들고 빗장을 치고
나는 밀폐의 적요에 갇힙니다
적요의 깊이로 맥없이 빠져들면서
목까지 차오른 독백

사랑이었을까, 연민이었을까

홀라당 벗어 알몸인 빗방울들이
급기야 비음을 터뜨려요
마침, 곪은 그리움도 툭 터졌지요

청춘을 폭음하였던 숙취가
울컥 올라옵니다

고지식하게 휘어진 손잡이는
억세게 움켜쥔 내 손을 슬그머니 풀어 줍니다

울컥을 봉인하고
어디로 흐를지 모를 빗방울은 안구에 스며듭니다

숲길을 관통하고
오늘의 뉴스를 듣습니다

버킷리스트

어느 중년 부부가 은퇴 후
집을 짓고 시골살이를 결행했다

도시의 생기 없는 시간을 정원에 옮겨 심었다
가지만 앙상했던 생활을 바람과 볕이
잘 드는 마당 데크에 옮겨 놓았다

이면지를 닮은 표정을 박공천장에
매달고 별빛, 달빛 조명을 달았다

낮과 밤뿐이었던 흑백에
저녁과 아침이 천연색 간지로 끼어들었다

곡면의 언저리만을 서성이던 부부가
잘게 부는 바람에도 서로 부비는 몸짓으로
자랐다

그 자란 몸짓이
한쪽이 흔들리면,
한쪽이 받아 주는 받침목으로 뿌릴 내렸다

텃밭 고랑에는 파릇한 상추 틈새에
잡풀들이 함께 자라고 있었다

돌담을 낮게 둘렀더니
안팎이 죄다 제 것이 되었다

임상훈 시인

강원도 고성에서 출생
대학에서 행정학, 뇌기반상담심리학 전공
삼성(중공업, 에스원)에서 근무
전) 요식업 운영
현) 중소기업에 재직 중
동인 문예지 〈문예의 전당 1,2,3,5집〉공저 참여
문학고을 신인문학상 수상
문학고을 등단 시 부문

아침 기도 외2편

임성환

깊은 어둠 산산히 부서지고
빛으로 깨어나는
여명의 시간

서늘하게 젖은
지난밤 꿈의 조각들
바람 지난 가지 끝에 걸어두고
잠든 보도블럭을 깨우며
성당으로 향한다

얼음꽃보다 투명한
아침 기도 소리
또다시 하루를 밝히며
영혼의 창턱을 넘어
어둠 털어낸 허공에
수묵처럼 번진다

흔들리는 촛불 사이로
시편의 낮은 기도 소리
소멸음을 따라

하늘을 향해 연연히
빛으로 날아 오른다

금잔화

금잔화 꽃물결 위로
가을바람 스치고
투명한 풀빛 영혼의
추억의 노래 한 소절
바람 지난 마디마디에
걸리운다

애상에 물든 바람결
그 부러진 음절마다
원색의 나비떼
춤을 추며 허공에 원을 그리고
떨어진 꽃잎 사이의
회색빛 그림자
가을인가 했더니
아하 그리움이었나 보다

무망무상 無望無常

푸른 달빛 시나브로
창가에 부서지고
보고 싶은 얼굴
별이 되어 빛나는 밤
창가 마른 나무 가지에
마른 꽃을 피우며
마디마디에 숨어든
그리움을 캐낸다

저 깊은 심연에서
서서히 소멸되어 버리는
무망無望과 무상無常의 시간들
속절없이 저승꽃 핀 손등에
외로운 별빛되어 스미면
텅 빈 가슴 속 가득
보라빛 달빛 받은 나도
긴 그림자로 눕는다

임성환 시인

53년 부산 출생
홍익대학교 대학원 광고디자인학과 졸업
단국대학교 대학원 응용미술학과 수료
현 한국디자인트렌드학회 자문위원
문학고을 등단 시 부문
문학고을 신인상
문학고을 최우수작가상 수상
청목 15, 16, 17, 18호, 19호 시 부문 참여

심장 외 2편

정석호

검푸른 바다 저 멀리
붉은 태양으로

힘차게 솟아 오른 너
아라비아 석류 속 같은 너

편안한 일상에서 숨 쉴 때
새근새근

좋은 일이 생겨서 기뻐할 때
쿵쾅쿵쾅

사랑하는 사람을 멀리서 바라볼 때
두근두근

깊은 슬픔으로 울음 삼킬 때
사랑하는 사람이 내 곁을 떠날 때

파르르 떨리는 잔잔한 너의 눈물
빨간 체리 열매로 익어가는구나

내가 잠들어도 잠들지 않고
내가 게으름 부려도 게으르지 않고
내가 할 일 미루어도 미루지 않고

언제나 한결같이
묵묵히 너의 할 일
쉼 없는 작은북소리의 떨림으로
숨결 되어 울리는구나

너는 항상
나의 친구가 되고
삶의 위로가 되고

나의 생명이 되어
무거운 삶을 지탱해 주는구나

나는 항상
그림자로 숨어서 열심히 일하는

너의 모습

잊고 살아가는구나

너의 고마움
잊고 살아가는구나

나를 위해 한평생 고생한 너
언제일지 모르는
그 어느 화창한 날에

휴식이 필요하다고
이야기해 주렴!

육신의 둥지를 떠난 영혼
친구되어 어깨동무하고

나와 함께 활짝 웃으며
꿈결같은 여행을 떠나보자

한 젊은 남자의 유언

먼 기억 속 잠든 영혼들
시간 위를 걸어가는 우리들

수많은 이들이
노래했던 그 아련한
사랑이여!

죽도록 부르고 싶었던
사랑이여!

너의 영혼 쥐어짜서
한 방울 기름으로 태웠던
사랑이여!

때론,
너의 소중한 목숨까지 바칠
사랑이여!

이 천년 전 베들레헴에서
목수의 아들로 태어난

한 젊은이가

짧은 생애 피맺힌 절규로
불꽃처럼 외쳤던
사랑이여!

뜨거운 가슴속
간절한 떨림으로
골고타의 언덕에서

칠흑 같은 어둠 속
섬광처럼 번쩍이는
한 줄기 빛으로 내리는

아버지의 소명!

이루고자 핏빛 울음 삼킨
검은 하늘 바라보며

장미꽃보다 더 붉은 피로

써 내려간
마지막 유언!

지축을 뒤흔드는 천둥소리
둘로 찢어진 휘장 사이로

깃발처럼 나부꼈던
사랑이여!

그의 열두 제자들이 흉내 냈던
사랑이여!

그의 가르침 목숨 걸고 전했던
사랑이여!

내가 죽도록 부르고 또 부를
사랑이여!

우리들이 죽도록 부르고 또 부를
사랑이여!

이 세상 아름다운
모든 꽃보다 더 붉은
사랑이여!

"네 이웃을 네 몸과 같이 사랑하라!"

삶의 아이러니

서로 사랑하며
살아야 한다고 배웠지만
더 많은 미움으로
시기하고 질투하고 증오로
서로에게 상처를 준다

서로 존중하며
살아야 한다고 배웠지만
더 많이 폄하하고 멸시하고
무시하고 경멸하며 살아간다

서로 나누며
살아야 한다고 배웠지만
더 많은 욕심으로
소유하고 독점하며 살아간다

서로 배려하며
살아야 한다고 배웠지만
더 많은 이기심으로
무례하고 무관심으로 살아간다

서로 정직하며
살아야 한다고 배웠지만
더 많은 거짓으로
기만하고 속이고 살아간다

서로 겸손하며
살아야 한다고 배웠지만
더 많은 교만으로
거만하고 허세 부리며 살아간다

서로 감사하며
살아야 한다고 배웠지만

더 많은 원망으로
불평하고 불만으로 살아간다

꿈결처럼 스쳐 지나가는
우리의 짧은 인생!

사랑은 있었을까?

시기, 질투, 미움은 없었을까?

존중은 있었을까?
무시, 멸시, 경멸은 없었을까?

나눔은 있었을까?
소유, 독점, 욕심은 없었을까?

이타심은 있었을까?
이기심, 무관심, 무례함은 없었을까?

정직은 있었을까?
기만, 속임, 거짓은 없었을까?

겸손은 있었을까?
허세, 거만, 교만은 없었을까?

감사는 있었을까?
원망, 불평, 불만은 없었을까?

네가 없었더라면…

정석호 시인

LG CNS
34년 근무(입사 ~ 정년퇴직) - 부장/책임
LG산전 전산실 - 10년 근무(창원 공장)
서울 본사 -24년 근무(최종 근무지- 마곡 LG사이언스 파크)
LG CNS 재직(수행 내역)
개발자
MRP System Maintenance 및 시스템 개발 Unix, Linux 시스템 프로그램 개발
시스템 성능테스트 도구 개발(OS, WEB, WAS, DB 모니터링)
시스템 구축(SI) Project 수행, 시스템 성능테스트 전문가
시스템 구축 Test Manager
LG CNS 기술 대학원(전문강사)
LG CNS 테스트관리자 과정(최초 개발)
LG CNS 테스트관리자 과정(강의)
저서
시스템 통합모니터링 도구 사용 및 활용법
성능테스트 스크립트 작성 가이드
정년퇴직 후 시스템 성능테스트 프리랜서(Freelancer)
문학고을 신인문학상 수상, 문학고을 등단 시 부문
공저
문학고을 "종합문예지 청목" 참여

7월의 장마 외2편

정선녀

칠월이
매미처럼 요란하게 울다가

한여름 시원한 그늘을 찾아
졸졸 맑은 물소리로 찰랑거린다

파란 하늘을 맴돌아 수놓는
고추잠자리 떼

고추밭에서
키를 재는 옥수수

하얀 할아버지 수염 늘어놓으니
키다리 국화꽃이 노란 웃음 흘린다

녹색 싱그러움을 자랑하는 여름이
발끝에 걸려

7월의 열기는 그칠 줄 모르고
쏟아져 내린다

순옥이

나와 함께 학교 가던 순옥이
비가 추적추적 내리니
너의 안부가 그립구나

여름날 봉숭아 꽃 피어나면
싸리문 앞 박하 잎 따서
손톱에 물들이고 뒤척였던 까만 밤

고무신 뒤집어 신고
짚더미 속에 숨바꼭질
동생 등에 업고 고무줄놀이
오디 따먹고 입가에 물들어도
마냥 행복했던 너와 나

순옥이네 집에 가면
누룽지 내어주시고
쑥버무리 해주시던
엄마 같은 따스한 손

꿈 많던 어린 시절 가슴 깊이 스며와
해맑던 코흘리개들 순옥이가 보고 싶어라

반달 떡

꽃샘 바람 불고 흰 눈 내리는 날
엄마가 절구통에 찧어 만든 커다란 반달 떡

코흘리개 동생들 옹기종기 둘러앉아
엄마 몰래 살망 살망 꺼내 먹던

꿀맛 같은 반달 떡 뒤척이는 한여름 밤
귀뚜라미 우는소리 밤잠을 깨워

긴 세월 아롱 아롱 가슴에 품어온
그리운 목소리 엄마 하고 불러본다

정선녀 시인

전북 장수군 출생
남원교육문화회관 문예창작반 수료
남원시 춘향 문학회 회원
문학고을 신인 문학상 수상
문학고을 등단 시 부문
공저
문학고을 종합문예지 '청목' 시선집

그 남자의 재력은 해운대 썬 베드 1열 외2편

정성희

해운대 썬 베드 1열에
그 남자가 널려있다.

바람에 날리듯 흐물거리는 물개처럼
바다를 보며 흐늘거린다.

그 남자는 한 개에 천 원인 계란빵조차 먹을 수 없었던
날들을
바람에 날려버리고
밀려오는 파도와 밀당하고 있다.

파도를 멀리 보내고 자신의 영역을 넓히다가
다시 밀려오는 파도에 땅을 빼앗긴 그는
전쟁이라도 선포할 기세다.

그 남자의 재력은 해운대 썬 베드 1열
부지런함이라는 갑옷을 걸치고
일찍 바다와 대면한 그는
가족들에게 1열 썬 베드를 안겨주었다.

밀려오면 밀려오는 대로
멀어져 가면 멀어지는 대로
노심초사 파도와 대치 중이다.

자신의 부지런한 재력을 지키기 위해
오늘도 고군분투 중

원테이크

긴 터널을 지나고 있어
너무 길고 어두워서 앞이 보이지 않아

상상조차 할 수 없는 암흑과 거슬림이 숨통을 조여오지
누구에겐 과거, 또 다른 이들에게는 현재,
남은 이들에게는 미래가 될 그 터널을
어떤 의미가 될지 궁금해하지도 않았던 스산했던 날들을
후회하며
통과하고 있어

터널을 지나고 나면 나의 이름은 바람이 되고
기억은 안개처럼 흐려지다 사라지게 될 거라고 울부짖으
며
모두 다 기억하기를 바라지만 기억하지 않기를 바라는
혼란의 각인 속에서 그 끝을 갈망할 때쯤 서서히 빛이
보이기 시작했어

앞을 볼 수 있게 된 나는
무중력 상태로 침묵 속의 나를 쳐다보며 미소 짓지
사라진다는 건 원테이크

한 번에 촬영된 나의 드라마 전경 속에
스쳐 지나가고 회전되는 후회들만 가득하고
가슴을 억누르던 혼란은 어느새 개어지지

기억은 부풀어 오른 탄산처럼 터져나가고
추억하는 사람들은 나의 증발로 지워버리지
미치지 않고서는 마주할 수 없던 후회의 날들조차도
순결한 것이 되고
경멸하는 눈빛으로 바라보던 영혼도 천사가 되어
쓰다듬어 주지

자신을 박제하며, 흔적 속에 날려버리고
이름이 사라질 때까지 난 원테이크

미술관에서

지도를 찾아 헤매다 도착한 미술관에는
시인도, 화가도, 관람객도 없다.
단지 파랑새만 전시관을 날아다니고 있다.

파랑새를 전시하기 위해서 찾으러 갔다는 화가는
돌아오지 않고
파랑새는 비어진 전시관에 외로이 있다.

나 말고 아무도 발견하지 못한 파랑새는
전시관에 막혀서 어디로 날아가지도 못하고
외로운 정적만 가득하다.

꿈속을 헤매고 있을 화가를 위해
나는 방명록을 썼다.
파랑새를 찾으셨나요?
현실로 돌아오셨나요?
당신의 파랑새는 지금 혼자 울고 있어요.
여기가 당신의 집인 것 같아요.
제가 파랑새를 데리고 갈게요.

파랑새는 뒷걸음질치고 달아나 버렸다.
시인도, 화가도, 관람객도 없는 전시관에는 이제 파랑새도
없다.

정성희 시인

한국방송통신대학교 영어영문학과 졸업
현)한국방송통신대학교 국어국문학과 재학
현)멍의 즐거운 글쓰기 연습실' 블로그 운영중
2025년 7월 문학고을 신인 문학상 수상
문학고을 등단 시 부문
공저
문학고을 "종합문예지 청목" 참여

붓 외 2편

정인수

팔 걷은 그대 손엔 아무것도 없지만
날 숨 한번 내려 쉬니
천지간 못 이룰 게 없어
그대는 희대의 마술사

그대는 만인의 연인
그대 손길 닿는 곳엔
우정이, 사랑이 있고
꽃향기도 스며 있어

그대는 자유인
그대 가고 싶은 곳
천지간 못 갈 덴 없어
그대는 영원한 방랑자

오 그대 마술사여
나의 연인이여
영원한 방랑자여
그대 사랑이시여

환희

새벽녘 형산강 둘레길을 걷습니다.
정겨운 물소리에 노란 금계국이 떼로 기지개를 켭니다.
내 생애 이토록 아름다운 길 걸어본 적 있었던가?

아침 이슬에 살포시 젖은 나팔꽃과도 마주합니다.
물안개와 더불어 몽환의 분위기를 자아냅니다.
내 생애 이토록 아름다운 보랏빛을 본 적 있었던가?

조용히 눈 감으니
감미로운 음악이 뼛속까지 스며듭니다.
내 생애 이토록 행복한 순간이 있었던가?

하낫 둘 하나잇 둘!
이건 아예 군인 걷기입니다.
내 생애 이토록 건강할 때가 있었던가?

강 호수에 다다랐습니다.
동호인과 함께하는 오카리나 공명이 천상까지 울립니다.
내 생애 이토록 환희에 찬 날이 있었던가?

이러니 세상은 한번 살아볼 가치가 있다는 거 아니던가?

친구를 그리며

여긴 그대가 있어야 한다
그래야 살맛이 난다

그대 떠난 오늘은
어제의 오늘 아니다

가을 하늘 맑고 푸르다고?
내 눈엔 잿빛 하늘이다

나뭇가지 흔들려도
바람은 없다

지인을 만나서도
건성으로 답한다

경쾌한 클래식 음악도
그저 공허하게 들릴 뿐

뒤차 빵빵거려
신호 바뀌었음을 안다

분명 맛난 찬 일진데
입맛이 없다

이 도시에는 그대가 있어야 한다
그래야 나는 살맛이 난다

정인수 시인

경북대, 포항흥해공고 교장 퇴임, 황조근정훈장(2017)
대구일보 스토리텔링공모전 대상(2022)
경주문예대학 수료(2025. 2)
문학고을 신인문학상 수상(2025)
문학고을 등단 시 부문
공저
문학고을 "종합문예지 청목" 참여

열대야의 경고 외 2편

조동수

찜통 같은 열기에 잠 못 이루는 밤,
대지는 타 들어가고
저수지 바닥은 거북등처럼 갈라집니다.

가축들은 숨을 헐떡이고
사막화된 땅은 식량 위기의 어둠을 드리웁니다.

그러나 아직 늦지 않았습니다.

탄소중립의 길로 푸른 숲을 가꾸고
RE100* 약속으로 온실가스를 줄인다면

풀은 다시 돋아나고 농업은 되살아나며
동물들도 편히 숨 쉴 수 있을 것입니다.

열대야가 보내는 경고,
이제 우리의 선택이
지구의 운명을 가를 차례입니다.

---

* 'RE100'은 Renewable Electricity 100%의 약자로, 태양광과 풍력 같은 재생에너지로 모든 전기를 충당하겠다는 국제적 약속을 뜻합니다.

노동 찬가

이마에 흐르는 땀방울, 거칠어진 손바닥
흙 속에 묻은 작은 씨앗은
세상 향한 희망을 품고 푸르게 자라난다

바람에 섞인 거친 숨소리
망치 소리 따라 울리는 심장의 박동

뜨거운 땀과 인내의 강을 건너면
오늘의 고단함은 내일의 빛이 되리

지친 어깨 위에 노을이 내리면
환한 웃음꽃이 아름답게 피어난다

노래하자, 우리의 숭고한 노동이여!
외치자, 찬란히 빛나는 미래여!

반도체의 꿈

실리콘의 심장 속에서
전자들은 춤을 추고
정보는 강물처럼 흘러간다

우주를 향해 무한한 꿈을 펼쳐간다

꿈이 깃든 깊은 밤
작고 미세한 길을 따라
어둠을 뚫고 빛은 나아간다.

우리의 꿈도 함께 영글어 간다

조동수 시인

경북 영양 출생
대구 경신고 졸업
서울대학교 졸업
방송통신대학교 재학중
(현대시, 시 창작론 수강)
LG-EDS(프로그래머)
카츄샤 〈KATUSA전역〉 (미군 행정병 복무)
스카이에듀학원장
문학고을 신인문학상 수상
문학고을 등단 시 부문

새는 잠시 날개를 접었다 외2편

조영애

새는 잠시 날개를 접었다
잠시, 아주 잠시
바람에 흔들리는 가녀린 가지 위에서
고단한 숨을 고른다.

세상은 여전히 달리고 있다
강물은 쉼 없이 흘러가고
구름은 어제와 다른 모양으로 흩어진다.
그러나 새는 지금 시간의 껍질을 벗기듯
모든 소음을 접어두고 있다

깃털은 거칠어지고
몇 올은 떨어져 나갔지만
그 또한 생의 상흔이자 훈장일 뿐

그저 쉬는 것이다
흔들림마저 품어내는 고요로
잎새에 빛이 물드는 계절 속에서
몸을 다독이는 것뿐

잠시의 쉼은 포기와 다르다
침묵은 끝이 아니라
더 큰 날갯짓을 위한 깊은 숨이다

때로는 멀리 나는 것보다
작은 가지 하나에 매달려
허무와 고독의 무게를 견디는 일이
더 크고 위대한 비상이다

그러나
쉬어가는 이 잠깐의 틈 끝에서
새는 다시
하늘을 향해
곧 운명처럼 비상할 것이다

푸드득!

함께 발자국을 세고 싶은 동행이다

걸어온 인생의 여정에서
수많은 갈림길에 서성였다
옳지 못한 길을 들어섰을 때
때늦은 후회

자유를 향한 갈망
이루지 못한 꿈
옳고 그름의 경계에서
끝없이 부딪히는 갈등과 번민

그러나
그 어느 길에도
절대적인 답은 없었다.

돌아가기엔 너무 먼 길 위에서
어느 날 불쑥
가던 길에 동행을 만났다

지치고 고단한 삶 위에
새롭게 피어나는

또 다른 삶의 의미

여전히
어느 길이 옳은지 알 수 없지만
동행이 있다는 것,
함께 내딛는 발걸음에
한 줄기 빛이 스며든다.

내민 손에서
따스함을 느끼며
함께 가고 싶은 동행

비록 절대적인 길이 아닐 지라도
함께 발자국을 세고 싶은
그런 동행이다.

나는 이제 바다로 가야겠다

나는 이제 바다로 가야겠다.
노을 물드는 하늘 아래
그 빛이 꿈처럼 물결 위로 흘러내리는
그 바다로 가야겠다.

어린 갈매기 손짓에 날개를 펼치고,
바람 속으로 솟아오르는
청정한 물결 위로
내 마음을 띄우러 가야겠다.

달빛이 은빛으로 춤추고,
해풍에 비릿한 향기 번지는 바다
만선의 깃발이 펄럭이지 않아도 좋다
거친 파도와 부서지는 모래밭
가난과 외로움조차 바람에 흩어지리라.

고기떼 떠난 포구,
묵직한 어선의 밧줄을 손끝으로
쓰다듬으며
조용히 웃을 수 있는 바다

따가운 햇살도 가릴 수 없지만,
오색 깃발 반짝이며 휘날리길 기다리는
어부의 묵묵한 마음처럼
소박하고, 풍요로운 바다

밤하늘과 맞닿아 은은하게 숨 쉬는
황금빛 물결 위로 내 뜨거운 가슴을 띄우려
나는 이제,
바다로 가야겠다.

조영애 시인

칠보공예 및 은공예 작가.
문학고을 신인문학상 수상(2025년)
문학고을 등단 시 부문(2025년)
공저
'종합문예지 청목' 참여

옥수수 이야기 외2편

최근용

한 알씩 떼어먹고 싶다는 것은
당신을 하나씩 알아가고 싶기 때문입니다

하모니카 모양으로 떼어먹고 싶다는 것은
당신에게 불러주고 싶은 노래가 있기 때문입니다

붙여서 떼어먹고 싶다는 것은
당신과 오랫동안 함께 있고 싶기 때문입니다

가장자리부터 먹고 싶다는 것은
당신과 천천히 이야기 나누고 싶기 때문입니다

구워서 먹고 싶다는 것은
당신과 함께 빛나는 추억을 만들고 싶기 때문입니다

범벅으로 먹고 싶다는 것은
당신과 영원을 약속하고 싶기 때문입니다

마주 앉아 먹는 옥수수 알알이 우리의 이야기를 꽃피웁니다
가을 햇살 아래 여물어가는 사랑의 열매처럼

고향 친구

입추의 밤
고향에 오랜 벗 찾아와
마당 멍석 위에 술상 차려
다래주 잔 주고받으니

어느새 달빛은 기울고
달빛 아래 친구는 넷이 되어
이야기는 끝날 줄 모르네

어느덧 한 동이를 비우자
달마저 숨어 버리고
우리도 꿈길을 헤매네

꿈결에 선녀님을 만나려는 순간
매미 소리에 놀라 깨어나니
누에가 된 벗과 마주 보며
껄껄껄 웃음보가 터졌네

처서

구름은 누구를 만나러 가는지
바쁜 걸음으로 하늘을 가로지르고

시원한 바람은 창문을 두드리며
여름의 끝자락을 속삭인다

마당엔 귀뚜라미 노래
가늘게 울려 퍼지니

가을 내음 밴 달빛 아래
오늘 밤은 삼베 이불 끌어안고 편히 잠 드리라

최근용 시인

강원 횡성 출생
삼성전자 근무
우리 무역 대표
문학고을 신인문학상 수상
문학고을 등단 시 부문
공저
종합문예지 청목 외 다수
삼행시 꽃 피었습니다
현) 문학고을 감사
현) 문학고을 경기지부 부지부장

들국화 외 2편

최해영

여기저기 들쑥날쑥 자란
커다란 소나무 틈바귀로
가을볕의 햇살 내갈기니

어여쁘고 고운 꽃잎 위에
아무 말 없이 맺힌 이슬이
기지개를 켜고 표요하네

너무나 구석지고 으슥한
어느 거친 흙덩어리에서
티 없이 해맑게 꽃피우며

마음속 으늑히 스며들어
뒷입맛이 울려 퍼지듯이
은은한 향냄새 퍼뜨리네

꽃무릇

무더운 여름철 벗어나
차디찬 바람 스칠 즈음
이곳저곳 햇발 뻗치니

꽃은 잎을 그리워하고
잎은 꽃을 그리워하는
붉은빛 짙은 홍색짜리

누구라도 현혹할 만큼
눈부시고 농염하지만
왠지 고독감 녹아 있어

마스카라 곱게 발라 올린
긴 속눈썹 비슷한 꽃송이
화려한 왕관 겉모양 같아

녹의홍상 불러일으키듯
가녀린 연초록 화축 끝에
붉게 피어오르는 꽃무릇

외쪽사랑 빠진 동경심에

새색시 속마음 피맺힌 듯
남달리 선홍빛이 강렬해

내장산 홍엽

일주문에서 내장사까지
이어진 단풍나무 숲길인
아름다운 단풍터널 따라

골짜기와 산의 생김새가
양의 내장 속에 숨은 듯
구불구불 잇대어진 산세

단조로운 다홍빛이 아닌
초록빛에서 진홍빛으로
나뭇잎의 다양한 탈바꿈

불길 치솟아 타오르듯이
고운 가을색으로 채워진
내장산의 마력에 끌린다

최해영(崔海永) 시인, 시조시인

아호 慧穎(혜영)
교육학석사, 청소년지도사, 한국어교원 외
문학고을 신인문학상 수상
문학고을 등단 시부문
제2회 디카단시조문학상
(강원시조시인협회) 수상
강원시조시인협회 등단 디카시조부문
문학고을 최우수 작가상 수상
제3회 청목문학상(작가대상) 수상
서울대학교 공로직원(전 선임행정관)
중·고등학교 및 평생교육원 출강
강원시조시인협회 부회장
문학고을 수석고문
현) 문학고을 부회장

〈시집 및 공저 〉
'베푼 사랑의 미소' 및 '시선집' 다수 .

대나무가 되기까지 외2편

홍계선

바람에 꺾이지
않는 나무
아무도 보지 못한
그 어둠 속에서,
나는 뿌리를 넓히며
세상으로 날아오를
준비를 하였다.

겨울이 몇 번
지나갔을까.

어느 날,
나는 하늘로 치솟을 수 있었다
하루에 한 자씩.

꽉 차고 단단해야
꺾이지 않는 줄 알았다.

알 수 없는 갈망으로
차오른 채로 태어났다.

모진 세월이
내 속을 흔들어놓고,
그렇게 하늘을 뚫을 것 같던
나는 때때로
성장을 멈추었다.

곧은 내 몸뚱이에
볼품없는 마디가 새겨졌다.
그것은,
인고의 상흔이었다.

겹겹의 껍질을 벗기고,
속을 하나씩 비워낼 때

비로소 나는
바람을 통과시키는
대나무가 되었다.

텅 빈 줄 알았던 내 안에

진짜가 깃들었다.

휘지 않는 힘은
나의 상흔과
비움에서 왔다.

첼로의 비애

활이 내 몸을 스칠 때,
그의 고통이 내 심장까지 파고든다.
이룰 수 없는 사랑의 칼날이
음표마다 새겨질 때,
나는 오늘도 브람스, 그의 마음을 담아
당신을 향한 사랑을 소리로 속삭인다.

클라라,
너의 이름은 내 현에 부딪혀
숨결처럼 떨리고,
내 낮은 C현은
그의 깊은 고백을 가라앉은 파도처럼 실어 나른다.

슬픔과 그리움이
현의 진동마다 파문을 남기고,
그대에게 닿지 못한 손길은
끝내 내 E현 위에서 처절히 울다
고요 속에 사라진다.

홍계선, 브람스 첼로 소나타 1번을 들으며

청석

청석,
그곳은 이야기가 태어나는 언덕.
두 물머리가 만나는 곳,
파발교가 있던 그 옛길의 언덕.

그 언덕 위에
선생님께서는
이야기가 태어나는 무대 하나를 놓으셨습니다.

"까페 데아뜨르."

그 언덕에서 내려다보면,
바삐 살아가는 이들의 어깨 너머로
삶의 애틋한 장면들이 떠오르고,
말 없는 청춘들의 눈빛 속엔
작은 희망이 피어나기 시작했습니다.

현실을 살던 이들이
연극을 통해 꿈을 꾸었고,
그 꿈을 담아낼 무대를

선생님께서 열어주셨습니다.

우리들은 그 첫 무대 위에서
서툰 말투와 몸짓으로
'다른 삶 속의 나'를 말했고,
선생님의 열정은
수많은 연극인을 길러내셨습니다.

시민극단, 청소년극단, 전문 배우들까지…
연극은 삶이 되었고,
광주의 자존심이 되었습니다.

고희를 맞이하신 선생님의 여정과,
이야기가 태어난 언덕 '청석에듀씨어터'를
저희는 다시 바라봅니다.

그 위에는
선생님의 숨결과 발자취가
조용히 머물러 있습니다.
그리고 그 길을 함께 걸어오신

우은희 선생님의 따뜻한 내조 또한
저희는 잊지 않겠습니다.

이기복 선생님의 칠순을 기리며

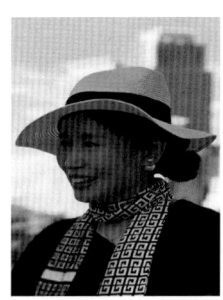

홍계선 시인

1966년생, 경기도 이천 거주
2025년 《문학고을》신인문학상 시 부문 당선으로 등단.
지역 연극 활동과 문학 창작을 병행하며,
분당다우리 극단소리 로타리 위성클럽에서
활동 중.
공저 - 종합문예지 청목

신작시조

김 옥 희

고독의 숨결 외 2편

김옥희

빈 찻잔 식은 채로 창가에 앉은 빛 결
달빛도 잠긴 듯 휘청이는 커튼 결에
스치는
숨결 하나 스며
먹먹함에 목메인다

벽시계 장엄하게 울리며 적막을 깨고
빈 공기 스치는 바람 밤은 저물고 서늘해져
가슴 안
쓰디쓴 고독
토해낼 친구 하나 없다

불빛 아래 먼지 춤 낡은 책상 위 내려앉고
말 대신 무너진 숨 조용히 떠도는 생각
고독은
존재 자체를
외로움 속에 묻는다

하늘 맞닿은 방

비좁은 방 한켠에도 햇살 한 줌 내려앉고
라면 끓는 김 사이로 웃음꽃이 피어난다
좁다고
말은 하지만
내 마음의 궁전이다

밤이면 외로울 적 길고양이 벗을 삼고
낮이면 화분에서 사랑 꽃이 말을 건넨다
옥탑방
펼쳐놓은 삶
여명과 노을 담는다

달빛이 창을 덮으면 별빛도 쉬어 가고
지붕 위 바람 한 줄 귓속말로 꿈 부른다
이 세상
가장 높은 곳
나는 지금 날고 있다

가로등

노을이 숨 고르고 저녁 빛 사라지니
텅 빈 길 조용히 등불 하나 밝혀진다
누구를
기다리길래
가로등 기대 서 있나

골목을 물들이는 한 줄기 희미한 불빛
긴 하루 그림자 말없이 걸어간다
발소리
잦아들수록
스러지는 뒷모습

지나간 발자국 흔적만 남은 골목
무심한 시간 속에 지켜온 자리마다
고단한
하루치 피로
가만히 쉬어간다

하루의 빈자리를 조용히 채워가고
가로등 불빛처럼 누군가 곁에 서서
말없이

등을 밝혀주면
그런 밤이 따뜻하다

김옥희 시인

수원여대 / 신성대학 외래교수 역임

≪문학고을≫ 신인문학상 수상 시, 시조부문 등단 (2024년도)
≪문예비젼≫ 신인상 시부문 등단(2024년도)
문예비젼 협회 정회원
한국경기시인협회 정회원
≪수원문학≫ 신인상 시조부문 등단(2024년도)
한국문인협회 수원문인협회지부 정회원

공저
한국시학동인지 '시인마을' 한국시학 '72호' 계간지 '시원'
문학고을 시선 '청목15, 16호' '문예비젼' 외 다수

연못 외 2편

허은주

아기 구름 한 조각
호수에 발 담그고
물고기와 놀아요

구름 사이를 가로지른
비행연습
피라미들의 꿈이
무지개에 걸렸어요

입춘

눈 이불 덮고
깊은 잠자는
고요한 풍경 위로
조심히
봄비가 발을 디뎌요

차가운 첫발
시려오지만
땅속 씨앗들에게
문을 두드리며
속삭여요

애들아
봄이 왔단다

매화 나무의 봄

며칠을 간질간질
치아가 나듯
껍질을 뚫고 빼꼼 내미는 얼굴

아기 살결 마냥 발그레
향긋한 볼에서
맑은 봄이 웃어요

허은주 시인

문학고을 동시 등단
지필문학 시 등단
시집 『영혼을 깨우는 봄비처럼』,
『마음을 여는 빛』, 『아버지의 꽃밭』
허은주 갤러리 대표
e메일 : heoeunju77@naver.com

소속 〈활동문단〉
문학고을, 경남문인협회, 마산문인협회 사무차장, 진주남강문단 부회장,
지필문학 전부회장, 영남문인협회, 한국문예협회

음표 낚시 외2편

현은경

오선지 그물에
물고기가 가득해요

찰랑찰랑 물고기가
꼬리 가득 잡힌 날은

쿵작쿵작
쿵작쿵작
월척이요
대선이요
파도 위 왈츠를 추고

그물에 물고기 별로
없던 날은

차르르 차르르
다단조
물 따라 꽃이 피어요

자동차 와이퍼

비 오는 날
앞 유리 위 무용수

칙칙칙 착착착
좌우로 팔을 흔들며
온 힘을 다해 춤을 춰요

혼자 다 닦아도
박수 쳐주는 사람 없지만

앞길을 만들며
빗길을 닦는 건
엄마의 손길 같아요

개성 있는 거북이 친구

내 친구 거북이가
봄 동산에서
알록달록 파방파방
한 아름 봄꽃을 담아왔어요

여름에는 수영 대회에서
"나 잘하지?" 으쓱으쓱
달리기는 꼴찌여도
물속에서는 번개처럼 빠르대요

가을이면 노란 은행잎
귀여운 아기 도토리를
소중한 선물처럼 건네며
"넌 특별하다고!" 이야기해요

겨울엔 좋은 시도
한편 써서
내 마음을 따뜻하게
데워 줄 거래요

달리기는 느려도
노래도 공부도 한 템포 늦지만
날 생각하는 마음만은
제일 반짝이는 친구예요

현은경 시인

1983년 제주 출생
제주 관광대학교,
방송통신대학 유아교육과 졸업
전) 유치원 교사, 어린이집 교사
현) 그림책 강사, 동화구연가
문학고을 신인문학상 수상
문학고을 등단 동시부문
공저
문학고을 "종합문예지 청목" 참여

망초꽃* 외 2편

황미선

계란
계란이다

어?
길가에 계란이 왜 이렇게 많지?

엄마 닭이
휙 다녀간 모양이야

---

* [망초 亡草 ㅣ Canadian fleabane
  '망초' 가 표준말]
1. 쥐꼬리망촛과에 속한 한해살이풀
2. 국화과에 속한 두해살이풀

분수

분수가 힘차게 솟는다
아이들 우르르 뛰어든다

분수도,
아이들도,
여름 해님도,

함께 웃고
함께 춤춘다

장례식

할머니가 말했어요
"나는 100살까지 살 거야."
나는 그 말을 진심으로 믿었죠

그런데 오늘,
할머니는
아무 말씀도 없어요

하늘은 맑은데
내 마음엔
눈물비가 내려요

톡,
또 톡 톡톡
믿을 수 없어요

황미선 시인

서울 홍익대학교 미술대학원 미술학 석사 졸업
서양화가(작가), 미술 교사, 미술 치료사, 한국어(교사) 멘토링
문학고을 신인문학상 수상
문학고을 등단 아동문학(동시) 부문 등단
공저
문학고을 제14호 선집. 여름. 2024.
문학고을 제17호 18호 선집. "종합문예지 청목" 2025.

신작수필

강영란
권명자
배병규
신경희
엄현서
이상학
이필수
정안나
주진복

마지막 식당 봉사

강영란

　십여 년 전, 우리 가족은 섬진강이 흐르고 높은 산들에 둘린 전남의 한 소읍에서 몇 년 산 적이 있었다.

　맑은 공기와 어디를 가나 수려한 산과 들과 강은 도시 생활에 찌든 나를 시원하게 씻어 주었다. 감기를 달고 살던 몸도 좋아져서 감기에 거의 걸리지 않게 되었고, 걸리더라도 금세 나았다.

　다 좋은 데 딱 한 가지 버거운 짐이 있었다. 이사해서 다니게 된 교회가 소읍에서는 그래도 꾸준히 성장하는 꽤 큰 교회인데도 교회의 궂은일을 할 사람이 몇 되지 않았다. 특히 구역별로 돌아가면서 하는 100여 명 분량의 교회 점심 준비는 내게는 벗어버리고 싶은 굴레였다. 서너 명 정도 같이 일할 사람이 있다면 그리 힘겹지 않을 텐데 이 짐을 맡을 사람은 10여 명 되는 우리 구역원 중에 구역장님과 나, 딱 둘 뿐이었다.

　사실 우리 구역장님도 정말 쉬셔야 하는 분이셨다. 간암 수술을 몇 번 받으셨고, 관절까지 많이 나빠져서 걷는 것도 힘든 상황이었다. 게다가 연초에 서울로 정기 검진을 받으러 가셨다가 간암으로 발전할 수 있는 혹을 발견해서 또 레이저로 제거하는 시술을 받으셨다.

하지만 그처럼 아름찼던 식당 봉사가 점점 내 삶을 적시는 단비로 변하는 것을 보게 되었다. 구역장님의 절친한 친구인 노 권사님이 자신의 구역처럼 함께 음식 장만을 해 주시고, 몇 분의 권사님들과 집사님들이 우리 구역장님 몸이 좋지 않다고 일부러 찾아와 도와주시는 것이었다.

그렇게 감당했던 우리 구역 식당 봉사가 9월 셋째 주에 순서가 되었을 때, 구역장님이 9월이면 서울 병원에 정기검진을 가셔야 하고 추석도 끼어 있어 바쁘기도 해서 다른 구역과 바꿔서 8월에 하게 되었다.

식당 봉사 주일 새벽에 새벽기도를 마치고 다섯 시에 주방에 들어가니 고요하고 캄캄했다.

불을 켜고 부추며 오이, 가지, 양파 등의 식재료와 얼려놓은 다진 마늘을 꺼냈다. 전날 구역장님이 만들어 넣어 둔 추어탕 국물도 내고 잡곡도 꺼내고 성미 통도 내놓았다.

우선, 내가 가장 쉽게 할 수 있는 쌀 씻기부터 시작했다. 늘 쌀을 씻는 널찍한 고무통에 쌀을 부으려고 보니 구역장님이 삶아 담가놓은 무시래기가 가득 담겨 있다. 무시래기를 큰 바구니에 건져내고 잡곡을 섞어 쌀을 씻었다. 성도들이 낸 성미를 통에 넣어 실온에 놓아둔 것이라 쌀벌레가 많아 박박 문질러 맑은 물이 나올 때까지 헹구었다.

쌀을 거의 다 씻어 갈 즈음에 노 권사님이 새벽기도를 마치고 나오셨다. 주방 바닥에 놓인 쌍관버너에 불을 붙이는 것은 기술이 필요한데, 노 권사님은 안쪽 관 밸브만 조금 열고 점화기를 탁탁 켜 쉽게 불을 붙이셨다. 쌍관버너에 불을 붙일 수 있는 분은 전 교인 중에 열 명도 되지 않을 것이다.

노 권사님이 국을 끓이고 가지를 찌는 동안 나는 가스를 사용하는 큰 밥솥 두 군데에 씻은 쌀을 나눠 안쳤다. 이 대형 가스 밥솥에 불을 켜는 일도 노 권사님이 맡아서 하셨다.

쌀을 안친 후, 나는 오이와 부추를 씻어 먹기 좋은 크기로 썰었다. 노 권사님은 가지를 쪄 놓고, 어묵볶음 할 재료를 썰어주라고 하셨다. 분명히 어제 구역장님이 어묵에 햄도 넣을 거라고 하셨는데 냉장고를 다 뒤져도 햄이 보이지 않았다. 한참을 찾다가 찾지 못하고 어묵만 썰고 있는데, 구역장님이 들어오셨다.

"시계를 맞춰 놓고 잤는데 울지 않아서 못 일어났다니까."

구역장님이 늦게 나오신 것이 미안하셨는지 한마디 하셨다.

"피곤하면 시계가 울어도 안 들려."

노 권사님이 구역장님을 감쌌다.

햄을 사 오라고 했더니 며느리가 소시지를 사 왔다면서 구역장님은 소시지 큰 것 두 개를 내놓으셨다. 두 분은 끓은 추어탕 국물을 서로 떠 주며 간을 보고, 어묵볶음을 하고, 오이에 부추와 양파를 넣어 무치고, 쪄 놓은 가지를 적당한 크기로 잘라 가지런히 통에 담고 그 위에 양념장을 뿌렸다. 요리하는 내내 깨소금 같은 대화가 오갔다.

"지난 금요일에 깨를 터는데 머리가 아파서 혼났다니까."

"아, 일 많이 하지 말라니까 뭔 일을 또 했어?"

"아, 비가 온다고 하니까 급하게 깨를 털었지. 하루 종일 떠는데 머리가 얼마나 아프던지."

"아, 몸 생각해서 조금씩 하고 다음에 하면 되지."

"아, 어떻게 그러나? 깨를 한 번 털면 다 털어야지 어떻게 오늘 조금 털고 내일 조금 털고 그러나."

"아, 그래도 힘들지 않게 해야. 난 그렇게 안 해. 다음에 하지. 그런데 뭔 추어탕을 끓였어. 손이 많이 가는디?"

"아, 반찬도 세 가지만 하라고 하는디, 국이라도 먹을 만한 것이 있어야 할 것 아니여."

"맞어. 추어탕 맛있다고 그러것구먼. 국만 맛있어도 다른 반찬 없어도 되지."

"아, 6만 원 반찬값 받은 것 중에서 추어탕 35,000원

어치 사고, 무시래기 좀 사고, 오이 좀 사고 하니까 돈이 다 들어가 부리네. 그래도 애들 먹을 것도 있어야 할 것 같아서 어묵하고 햄은 내가 그냥 샀어. 들깨랑 양파랑 고춧가루는 집에서 가져오고."

"아, 뭘라고 그렇게 많이 장만해. 그렇게 안 해도 돼. 다 얘기해서 반찬 세 가지만 하기로 했는디, 이렇게 많이 준비하면 다른 구역에서 부담되지. … 그래도, 강 집사가 그릇을 다 씻어주고 하니까 일이 빠르고 좋네~."

"그걸 말이라고 해. 나 혼자는 못하네."

나를 칭찬하는 말을 두 분의 대화에 살짝 흘렸을 때는 송구스럽기도 하고 고맙기도 했다. 두 분은 어릴 때부터 절친한 친구 사이였다는데, 대화를 들으면 두 분의 삶의 방식이나 태도가 많이 다른 것을 느낀다. 그래도 둘도 없는 친구로 지내는 것이 참 신기하다.

웬만큼 설거지가 정리되자 나는 바닥을 한 번 쓸고, 김치를 내어 썰어 큰 뷔페용 반찬통에 담았다.

새벽 다섯 시에 시작된 음식 만들기가 일곱 시가 넘자 마무리되었다. 사용된 그릇들은 깨끗이 씻어 제자리에 정돈되었고 추어탕도 얼큰하면서 구수하게 완성되었다. 김치, 오이무침, 가지나물, 어묵볶음이 뷔페 반찬통에 담겨 냉장고에 차곡차곡 쌓였다. 두 분 중에 누가 비우셨는지 모르지만, 음식물쓰레기도 바깥 통에 비워지고 빈 바구니만 하수구에 놓여 있었다.

막상 일을 끝내니 식당 봉사의 피로와 스트레스는 어느새 사라지고, 이유를 알 수 없는 기쁨이 마음 깊은 곳에 맴돌았다. 이런 맛으로 봉사하는가 보다.

남의 약한 점을 따뜻이 어루만져 감싸고 달래는 수다를 통해 새 힘을 얻고, 살아오면서 터득한 지혜를 나누고, 남에게 맛있는 음식을 대접하는 즐거움으로 일하는 성도들은 참으로 멋지다는 생각이 들었다.

이런 아름다운 추억으로만 남았다면 얼마나 좋았을까? 결국 이 날의 식당 봉사는 찡한 아픔으로 내 삶의 한 자락을 물들이게 되었다. 그해 9월 서울에 검진받으러 가신 구역장님은 암의 재발로 다시 집에 내려오시지 못하고 몇 달 치료받다 회갑의 나이에 하늘나라에 가셨다. 8월의 식당 봉사가 구역장님과 마지막 만남이 되어버렸다. 차일피일 미루다 병문안 한 번 가지 못한 것이 이처럼 죄송스러울 줄 몰랐다.

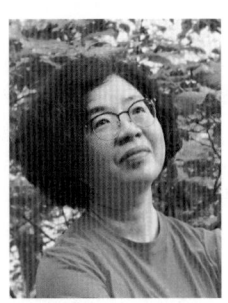

강영란 시인, 수필가

순천대 영어교육과
목포대 대학원 석사(국어교육),
광주교육대 대학원 석사(초등국어교육)
교육부장관 표창(2019년)
광주대 문예창작학과 박사 졸업
문학고을 신인문학상 동시 및 수필 부문 수상 및 등단
제4회 청목문학상(작가대상)
동시 부문 수상.
『문학고을 선집 제10집~18집』(종합문예지) 참여.
현재 초등학교 교사

오빠, 미안해

권명자

나의 오빠는 청각장애인 동시에 뇌성마비를 가진 중복 장애자였다.

선천적인 장애였는지 아니면 후천적이었는지는 잘 모르겠지만 오빠가 두 살 때 고열이 있는데 한약을 잘못 먹여서 그렇게 되었다고 들었다.

1남 4녀 중 장남인 오빠의 장애로 집안 분위기는 평온하지 않았다.

매사에 다재다능하시고 자존심이 강한 아버지는 산과 들로 다니시며 답답한 마음을 자연한테 위로받으시는 것 같았고, 수시로 막걸리 한 잔에 타 들어가던 목을 축이며 이 현실과 타협하셨던 것 같다.

돌이켜보면 부모님은 당신들의 감정을 애써 감추려고 하셨지만, 평소에 감수성이 예민한 성격을 가진 나는 집안의 그 기운을 날마다 감지할 수 있었다.

나는 오빠와 나이 차이가 있다 보니 오빠의 어릴 적 생활은 잘 기억나지 않지만, 오빠가 6학년 때쯤 학교에서 바지에 대변을 싸서 선생님이 자전거에 태우고 왔을 때 엄마의 당황스러워하시던 모습이 어렴풋이 떠오른다. 어쩌면 오빠는 그날따라 속이 편치 않았나 보다. 귀도 먹고 말도 어눌한 오빠는 화장실에 가고 싶다는 표현을 못했을 것이다.

오빠는 국민학교만 졸업하고 본인의 의사와 관계없이 지게를 지고 여름에는 소 먹일 풀을 베어 오고 겨울에는 산에 가서 땔감으로 사용할 나무를 해 오곤 했었다.

한번은 국민학교 운동회 날에 오빠는 학교 근처에 지게를 세워놓고 시간 가는 줄도 모르고 운동회 구경을 하다가 일을 하지 않아 아버지에게 심한 꾸중을 당한 것을 볼 수 있었다.

우리 집 외양간에는 암소와 송아지 두서너 마리가 있었는데 오빠는 소죽을 끓여 소들의 먹이를 해결해 주었다. 딸들이 중학교에 입학하면서 수업료를 낼 때면 아버지는 오빠에게 이야기도 하지 않고 소 한 마리를 끌고 나가서 팔고 오셨다.

어쩌면 오빠는 여동생들을 위해 평생 희생하며 살아온 것 같아서 가슴이 미어진다.

유교 사상이 강한 아버지는 집안에 대를 이어야 된다는 생각에 비슷한 조건의 처자와 혼인을 시키자고 제안하셨다. 나는 오빠 한 명도 힘든데 장애자 한 명을 더 들이면 어떻게 감당할 수 있겠냐며 한사코 반대하였지만, 아버지는 무시하고 전통 방식으로 혼인을 시켰다. 그 당시 오빠와 올케언니는 20대 후반이었고, 올케언니는 4남

1녀 중 외동딸이었다. 오빠와 언니는 몇 년 동안 그들의 방식으로 재미있게 살았지만 아이는 없었다.

그러던 어느 날 올케언니의 친정아버지는 우리의 재산 일부분을 당신의 딸 앞으로 해달라고 요구하였다가 받아들여지지 않으니까 얼마 후 일방적으로 올케언니를 데리고 가버렸고, 그 이후로는 연락 자체가 되지 않았다. 오빠는 울면서 아내를 찾으러 이곳저곳을 헤매며 돌아다녔고 때로는 다리 밑에 쓰러져 자고 있는 오빠를 경찰관들이 경찰차에 태워오곤 하였다. 심지어 평소에 할 줄 모르던 술과 담배까지 하며 부모님께 아내를 데려오라고 생떼를 부려 부모님의 속상함이 이만저만한 것이 아니었다.

이런 이야기를 듣고 한참을 고민하던 나는 성당 신부님을 만나 오빠의 처지에 대하여 면담하고 부모님을 설득하여 가톨릭 사회복지 시설에 입소할 수 있었다. 입소 면담을 하러 갔을 때 그곳에 계신 신부님께서 하회탈처럼 해맑게 웃는 오빠를 보시며 '영혼이 참 맑은 분이시네요. 장애자분들은 우리들과 달리 수명이 짧으셔요' 라고 하셨다. 오빠를 시설에 맡기고 돌아오던 날 마치 도살장에 끌려가는 소처럼 떨어지지 않으려고 울며 맨발로 큰 도로까지 따라오던 오빠의 모습이 아직도 눈앞에 아른거린다.

'오빠, 이렇게 하는 것이 오빠와 가족들을 위한 거야'

라고 울먹이며 달아나 왔었다.

사실은 우리를 위한 것이었지만…….

오빠는 우여곡절 끝에 시간이 약이라는 것을 증명하듯이 그 시설에서 하느님의 자녀가 되는 세례 성사와 견진 성사를 받으며 잘 지냈다. 한 달에 한 번 가족모임이 있어 갈 때면 나는 가끔 그 당시에 중학생이던 나의 아들과 동행하게 되었다. 외삼촌 목욕 좀 시켜드리면 좋겠다고 생각하면서도 청각장애가 있는 외삼촌을 어떻게 목욕시킬 수 있을지 내심 걱정을 하였지만, 어린 아들은 오빠가 알아들을 수 있는 제스처로 아주 재미있고 말끔하게 씻겨드리곤 하였다. 평소에 말이 없고 내성적이던 아들은 장애자분들이 식사하는 식당에서도 개다리 춤을 추며 그분들을 한바탕 웃음을 자아내기도 하였다.

약 10년 전 불행은 갑작스럽게 오듯이 시설에서 잘 지내던 오빠가 침대에서 자다가 갑자기 떨어져서 의정부 성모병원으로 응급 이송되었다는 연락을 받았다. 뇌 정밀검사를 받았지만 뇌가 많이 손상되어 회복되지 못하고 그대로 하느님 품에 안기게 되었다.

순식간에 발생하다 보니 정신이 없어 아무것도 할 수 없었던 나는 마음속으로 끊임없이 기도를 하며 장례준비를 하였다. 오빠의 시신을 장례식장에 모셔놓고 우리 자매들은 오빠가 살던 사회복지시설의 장애자분들과 함께 연도를 하였다.

(연도: 죽은 이들을 위한 기도)

연도 중에 그동안 오빠에게 잘 해주지 못한 일들이 주마등처럼 스쳐 지나갔다.

　바쁘다고 자주 찾아오지 못한 일, 제대로 된 밥 한번 차려주지 못한 일, 새 옷 한 번 사주지 못한 일 등등 ~

　오빠 미안해. 하늘나라에 가서 엄마 아빠에게 그동안 못 받은 사랑 많이 받아야 해. 오빠는 장례미사 후 함께 살던 형제들의 마지막 배웅을 받으며 춘천에 있는 화장터로 갔다. 서로에게 그동안 고마웠다는 인사도 하지 못하고…….

　친정 부모님이 묻혀계신 양지바른 선산에 부모님 묘 앞에 묻힌 오빠는 한 송이 할미꽃으로 피어 찾아오는 동생들에게 그동안 고마웠고, 사랑했었다고 활짝 웃으며 손짓하는 듯하다.

　시작이요, 마침이신 우리 주 하느님 사랑으로 함께 하심 감사드립니다.

권명자 수필가

64년 대전 출생
우송대학교 졸업
문학고을 신인문학상 수상
문학고을 등단 수필 부문
공저
문학고을 '종합문예지 청목' 16, 17호 선집

사랑의 목줄

배병규

바깥세상이 그리웠던 한 마리 애완견이 있었습니다. 가족의 사랑을 받으면서도 베풀 줄은 몰랐던, 철없는 개였습니다. 매일 목줄에 묶여 창밖을 바라보며 자유를 꿈꾸었습니다.

어느 날, 주인이 한눈을 판 사이 그는 목줄을 풀고 달아났습니다. 탁 트인 운동장을 숨이 차도록 달리며 바람과 풀잎을 온몸으로 느꼈습니다. 그러나 현실은 곧 달라졌습니다. 먹을 것도, 잘 곳도 없었습니다. 반짝이던 털은 먼지와 흙으로 뒤덮였고, 배고픔은 견디기 힘든 고통이 되었습니다. 호숫가 물로 허기를 달래다 북받치는 서러움에 눈물이 흘렀습니다.

'집으로 돌아가야겠다….' 자유롭다 믿었던 세상은 내가 꿈꾸던 곳이 아니었습니다. 나를 사랑해주던 엄마가 그리웠습니다. 산을 넘고 강을 건너, 떠난 지 꼭 일주일 만에 집에 도착했습니다. 쓰러진 나를 안아든 엄마의 눈물이 검게 변한 털 위로 흘렀습니다.

며칠 뒤, 곱게 빗질된 털과 알록달록한 옷차림으로 재롱을 부리는 애완견의 모습은 바로 나 자신이었습니다.

나는 청력 장애로 세상의 소리를 잃고, 사업을 접어야 했습니다. 말과 감정을 온전히 나눌 수 없었지만, 아내는 내 곁에서 모든 것을 함께 짊어졌습니다. 그녀는 내게 일곱 빛깔 무지개 같았습니다. 미소와 한마디 말이 어두웠던 마음을 밝혀주었습니다.

나는 목줄에 묶인 애완견처럼 보였지만, 실상은 아내가 나를 위해 목줄에 매여 주었던 것이었습니다. 그녀 없는 세상은 무섭고 쓸쓸했습니다. 평범한 일상, 함께 밥을 먹고 웃던 시간이 가장 큰 행복이었음을 뒤늦게 알았습니다.

집으로 돌아온 날, 아내는 변함없는 미소로 나를 맞았습니다. 집 나간 애완견을 끌어안던 엄마처럼. 그때 깨달았습니다.

"자유는 외롭고, 나를 묶고 있던 것은 사랑이었다는 것을."

아내가 끓여 준 따뜻한 국에서 바깥세상에서는 느낄 수 없던 향기가 났습니다. 혼자 살아간다는 것은 천 길 낭떠러지 끝에 서 있는 것과 같았습니다.

"해로동혈偕老同穴."

살아서는 함께, 죽어서는 같은 곳에 묻히고 싶은 마음. 이제 당신이 지어주는 따뜻한 밥을 먹으며, 당신의 그림자로 살아가겠습니다.

　여보, 당신과 함께라면,
　나는 더 이상 자유를 꿈꾸는 떠돌이가 아닌, 가장 행복한 애완견이 될 수 있습니다.

배병규 수필가

57년생 거제에 거주하고 있으면, 2025년 8월
제76회 2차 공모 문학고을 신인문학상을 수상
하였고 수필 부문에 등단하였다.
문학에 대한 애정을 품고 꾸준히 창작 활동을 이어가고 있는 신진 수필가.
삶과 인간 내면의 진솔한 모습을 글로 담아내며, 자기 성찰과
치유의 글쓰기를 실천하고 있다.
가족과 사회, 시대적 맥락 속에서 사람들의 삶을 섬세하게 탐구하는
작품을 주로 선보인다.
이번 공모전 수필 부문 당선을 계기로 본격적인 문단 활동에 나설 예정이며,
앞으로 수필과 시 등 다양한 장르를 통해 문학적 역량을 넓혀갈 계획이다.

MZ 속으로

신경희

며칠 전 지인의 자혼에 다녀왔다.

근자에 다녀온 친구의 자혼에서도 MZ들의 혼인 모습을 보며 세대 간 격차를 느꼈는데 이번 혼사에서는 앞서보다 더 신세대적인 느낌을 받았다.

양가 어머니 화촉 점화에 이어 신랑 입장, 신부와 아버지의 입장으로 시작되는 일반 식순이려니 하면서 신랑 입장을 기다리는데 '오늘의 주인공 세상에서 가장 아름다운~~~'으로 이어지는 사회자의 안내 말이 나와 멘트를 잘못하는가 하는 마음으로 뒤쪽을 보니 안내 말처럼 신부가 입장을 했다.

환한 웃음과 함께 여유롭게 걸어오는 신부의 모습에서 젊은이다운 당당함이 보이고 딸을 시집보내는 아버지의 애잔한 표정이 아닌 하객에 대한 예의를 갖추는 아버지로서의 의연함이 돋보이는 멋진 걸음이었다.

단상에 도착한 신부가 차분한 웃음으로 신랑을 기다리

며 서 있는 동안 신랑이 부케를 들고 웨딩 로드를 걸어왔다. 부케가 신부의 점유물이 아닌 신랑이 들고 오는 장면도 이색적이었지만 신랑이 무릎을 꿇고 신부에게 부케를 주는 모습은 일반 예식의 의례적인 행사를 자기화로 승화시킨 '굿 이아디어'로 젊은이들만이 할 수 있는 오롯한 사랑 고백으로 느껴졌고 성혼 선언문 낭독에 이은 축사와 신랑 아버지의 간략한 인사에서도 지루함을 싫어하는 MZ들의 정서를 고려한 지인의 다감하고 예의 바른 성정이 그대로 보여 따뜻함으로 다가왔다.

이렇게 일반 틀을 넘어선 식순의 재치 넘치는 진행도 이례적이었지만 가장 폭발적 인기를 끌었던 장면은 신랑 신부를 맺어준 친구의 6개월은 되었을까 싶은 영아를 장난감 자동차에 태워 결혼 예물을 전달하는 퍼포먼스로, 영화 속 한 장면처럼 보이는 것이 박수가 절로 나왔고, 축하 순서에서도 친구 지인들의 축가가 아닌 신랑이 신부에게 보내는 사랑의 노래가 진정성 있게 다가오더니 마지막에 있었던 이벤트 퇴장하던 신랑 신부가 돌아서서 하객들에게 축하의 닭 인형을 던져주는 모습은 이례를 넘어 재기 넘치는 NZ들만이 할 수 있는 문화 누림으로 시작부터 마침까지 부모 손님에게는 감사의 예의를 신랑 신부 당사자들의 하객에게는 같은 또래 문화를 공유하는 멋짐으로 빛났던 예식.

이런 시간이 아니면 말로만 듣던 MZ들의 달라도 너무 다른 신문화를 접할 수 있는 기회가 또 있을까 싶어 혼례식에 초대를 해준 지인이 고맙게 느껴지면서 1900년대 이후 경성 중심으로 퍼져나간 신문화 현상의 주인공인 * 모던보이, 모던 걸*들에 대한 대중들의 곱지 않은 시선 – 식민 통치하에서 일본에 의해 주도된 문화 거리 등 유입되는 신문명 영위에 대한 반감적인 요소가 많이 작용되었으리라 – 처럼 톡톡 튀는 젊은이들의 신세대 정서에 거부감을 느끼기보다 물처럼 흐르는 세대 기류에 적응해 가면서 받아들이고 변화에 부응하면서 신문화를 누릴 줄 아는 노인으로 문화를 적극 수용해 가기로 한다.

---

* 1920년대 중반에서 1930년대 중반 사이 식민지 경성의 대중문화와 소비문화 영역에서 변화가 일어났다. 식민지 조선의 인구학적 변화 및 생산성의 증대, 도시의 특정 장소를 매개로 한 소비문화의 확산, 서구적 스타일의 유행과 함께 새로운 문화가 나타났다. 개화기 서양 문물의 교육을 받은 신여성과 모던보이들은 이런 근대 도시의 소비적인 삶과 유행에 민감한 존재였으며, 이른바 '모던 생활'을 적극적으로 영위하였다.

　　(한국 민속 백과 사전에서)

청곡 신경희 시인 , 수필가

서울 출생. 숙명여자대학교 사학과
중등 교사 역임
*등단
문학 고을 시, 수필 /강원 문협 시조/브런치 작가
*수상
문학고을 신인문학상.문학고을 최우수 작가상 청목상 (작가대상) 수상
제8회 보령해변시인학교 전국 문학작품 공모전 은상
제9회 항공 문학상 수필 최우수상
제20회 장애인 문예 글짓기 최우수상
제61-62회 강원 예술제 강원 사랑 시화전 우수 동상
제5회 경북이야기 보따리 수기 공모전
제8회 전국 여성 문학 대전 시 부문 최우수상
제3회 디카시조 문학상 겨울 공모전 단장시조 장원… 외

*저서
시세이 〈오메어쩔까〉
동인지 〈문학고을 시선집 1-17집 ; 오월에 피는 꽃; 삼행시 꽃 피었습니다.
        강원 문단 ; 강원문학 … 외〉
*활동
문학고을 자문 수석고문 현) 부회장, 강원 문협회원

운전은 무서워

엄현서

내가 잘 못하는 걸 꼽으라고 하면 단연 운전이다.

잘 못하는 정도가 아니라 아예 엄두를 못 낸다. 직장 생활을 하다가 몸이 안 좋아져서 치료를 받으며 쉬게 되었을 때, 그동안 하고 싶었던 것들을 해봐야겠다는 생각에 제일 먼저 했던 게 운전면허 취득이긴 했다.

운전대를 처음 잡고 도로로 나왔을 때, 겁도 나고 떨리긴 했지만 조교가 조수석에 앉아 있어서 그랬는지 자신이 생기기도 했었다. 경사진 도로로 내려갈 때에는 '아, 드디어 나도 혼자 드라이브를 즐기면서 여행을 다닐 수 있겠구나.' 야무진 상상도 했더랬다.

하지만 얼마나 겁나고 부담이 되었던지 시험 전날 밤, 가파른 산길을 차를 끌고 오르다 미끄러지고 또 오르다 미끄러지는 꿈까지 꾸었다.

간신히 면허를 따고 도로 연수까지 마쳤는데도, 도저히 자신이 없었다.

건강이 회복되어 사업을 시작하면서 부쩍 외근이 잦아

지고, 출퇴근부터 시작해서 모든 이동을 택시로 하게 되다 보니 불편함이 커졌다.

가끔 남편이 시간 될 때 출퇴근이나 가까운 은행 정도는 데려다주곤 했는데, 남편도 불편했던지 운전을 가르쳐 주겠다고 나섰다.

운전을 못 하니 슬슬 위축되고 자존감도 떨어져 있던 상태라, 남편한테 운전 배우면 싸움 난다는 주위의 경고에도 불구하고 도전해 보기로 했다.

아니나 다를까, 골목길을 벗어나자마자 잔소리가 시작되었다. 옆에 차 부딪히겠다는 둥, 중앙선 밟았다는 둥, 백미러 좀 보라는 둥 소리를 지르는 게 아닌가. 그렇지 않아도 심장이 요동치고 손발이 다 떨리고 식은땀이 나서 미칠 지경인데… 차마 더 갈 수가 없어서 차를 세우고 조수석으로 옮겨 앉는 비참한 상황을 맞았다.

"그렇게 앞만 보고 운전을 하면 어떡해? 백미러로 뒤차도 확인해야지. 길을 걸을 때 앞만 보고 걸어? 중앙선은 운전대를 기준으로 맞추면 되잖아."

남편은 최대한 화를 참으며 이것저것 설명하고 있었지만, 정말로 궁금한 게 있어서 진지하게 물어봤다.

"그럼 신호는 언제 봐?"

그러자 남편은 나를 초등학생 보듯 바라보며 한숨을 내쉬는 게 아닌가.

"그냥 택시 타고 다녀."

그 후로 남편은 운전 가르쳐 주겠다는 말을 한 번도 꺼내지 않았다.

여전히 나는 택시로 출퇴근을 하고, 거래처 업무를 보러 다니고 있지만 운전대를 잡고 벌벌 떠는 것보다 훨씬 편하니 그걸로 만족하며 산다.

운전 불안의 원인으로는 통제적 상실, 경험 부족, 교통 법규 미숙지, 그리고 사고 경험 등 복합적인 요인이 있다고 한다. 경험적 요인 빼고는 누구나 다 처음엔 같은 상황일 텐데, 큰 사고를 당한 적도 없는 내가 왜 이렇게 운전에 대해 겁이 많은 건지 정말 알다가도 모를 일이다.

오늘은 택시가 안 잡혀서 약속 시간에 삼십 분이나 늦었다.

거래처 현장 소장님이 사무실에서 잠깐 보자는 약속이었는데,

삼십 분이나 늦었으니 어찌나 면목없던지…

집으로 돌아와 운전면허증을 꺼내 보며 한 번 도전해

볼까 생각도 해 본다. 하지만 운전대를 잡으면 심장 박동이 빨라지고 식은땀이 나면서 메스꺼움 증상이 시작되는 걸 어쩌랴. 더 심한 경우 시야가 흐려지면서 손발이 심하게 떨리고, 심지어 설사를 하는 사람도 있다니... 보나마나 나도 그럴 게 뻔하다. 운전대를 잡고 진땀을 흘리며 덜덜 떠는 내 모습을 상상해 보노라니 금방 포기를 하게 된다.

뉴스에서는 또 교통사고 소식이 나온다. 떨리고 무섭다.
주민등록증 사진이 마음에 들지 않아 늘 신분증으로 쓰고 있는 운전면허증. 앞으로도 계속 신분증으로만 사용하게 될 것 같다.
남자들도 어려워하는 건축자재 사업을 15년째 하고 있는 내가…

운전은 무섭다. 정말 무섭다.

엄현서 수필가

68년 강원도 고성 출생
백두대간 건축자재 대표
문학고을 신인문학상 수상
문학고을 등단 수필 부문
경기광주 시민 극단배우
공저
"종합문예지 청목" 참여

(재인아! 내 얘기 좀 들어보렴) −세근이−

이상학

  안성농업전문대학교 (현) 한경국립대 정문 앞으로 비탈진 길을 백여 미터 내려가다 보면 안성역이 있다.

  안성→천안→천안→안성 구간을 운행하는 열차였다. 그 역을 이용하는 사람들은 많지 않았으나 학교를 통학하는 학생들이나 천안 쪽에 농산물을 팔러 다니는 사람들이 주로 이용하던 역이었고, 매해 징병 소집이 있는 날이면 조그만 역에는 사람들로 인해 광장은 꽉 차있었고 전송하는 사람들은 전쟁터로 자식을 보내듯 눈물로 얼룩지었던 안성역이었다. 종점 끝에는 석탄이 산더미처럼 쌓였고 그곳 공장에서 만든 연탄은 군민 모두에게 따스함을 제공해 주었다.

  역전 개찰구를 지나 백여 미터 안쪽에는 시멘트와 타르 보관 창고가 있었는데 그 한 켠에는 아주 유명(?)인사가 자리를 잡고 살아가고 있었다.

  그의 나이를 아는 이는 없었고 어디서 태어났는지? 또? 왜? 이곳에 오게 되었는지? 가족은 있는지는 아무도 몰랐다.

  그를 안성 사람들은 "세근"이라는 이름으로 통칭하였

다.

나이가 어리든 나이가 많든 남자든 여자든 할 것 없이 그를 부를 땐 "세근"이였다.

이 이야기는 내가 열두 살 때 그곳으로 이사 가며 그를 기억하는 시점이지만 그는 그 이전부터 그곳에 자리를 잡고 살고 있었다.

그의 모습은 보통의 키에 머리숱은 적었으며 눈은 심한 사팔이였고 봄, 여름, 가을, 겨울이든 거의 같은 코트류의 옷을 입고 있었고 빌어먹는 사람치고 얼굴에는 살이 올라 기름기가 가득하였다.

나이를 유추해 보면 서른 좌우로 보였고 언제부터 그곳에 살았는지 사람들은 알 수도 알려고도 안 했지만, 그는 모든 안성 군민이 기억하는 사람이 되어있었다.

학교 소풍 가는 날이면 어김없이 소풍 행렬 뒤에 따라오고 있었고, 그 소풍의 시작과 끝은 항상 그가 있었다. 소풍 대열에 끼는 것도 아니고 멀찌감치 떨어져 따라오곤 했다. 가끔 욕을 하고 돌을 던지는 아이들도 있지만 그는 씨익 웃고 아랑곳하지 않았다. 목적지에 도착하면 한쪽 귀퉁이에 쪼그려 앉아 심한 사팔눈으로 여기저기 훑어보기 바빴다. 평소 행색이 거지 행색이라 어린아이들이 접근하기가 쉽지 않았고

그의 괴이한 눈은 어린아이들 눈에는 생소하게 느껴져 가까이 가기가 쉽지 않았다.

누군가 김밥을 그에게 들려주면 볼이 튀어나올 정도로

입에 물고 맛있게 먹었다.

　소풍이 끝나고 집으로 돌아가는 길에도 함께 했다.

　계절에 관계없이 아침 첫차가 움직이기 시작하면 안성 버스정류장 종점에는 차장이나 조수 대신 항상 버스의 후진을 보고 있었다. 어디서 누가 가르쳐 주었는지 모르지만 "빠꾸! 빠꾸" 외치면서 버스를 유도하곤 했다.

　차장 아가씨들이 건네주는 1원 한 장을 주머니에 넣고는 또 다른 차로 뛰어다녔다.

　그렇게 모은 돈으로 종점 앞 해장국집에서 동냥 돈이 아닌 모은 돈으로 해장국을 사 먹곤 했다.

　아침 시간이 끝나면 종점 뒤에 있는 시장으로 가서 한켠에 앉아 있다가 누가 리어카를 끌고 가거나 배추나 무 상하차가 이루어지면 같이 움직였다.

　무거운 짐 뒤에는 항상 그가 있었다.

　그런 그를 시장 사람들은 이뻐해 주었고 힘든 일에도 늘 빙그레 웃는 모습이었다.

　일이 끝나면 삼 원도 주고 오 원도 주고 팔다 남은 가지며 오이, 참외를 봉투에 담아주었다.

　시장에서 안성 역전까지는 사~오백 미터 정도 되었는데 시장이 직장이고 역전은 안식처였다.

　각 학교에서 체육대회를 해도 제일 먼저 학교에 와 있는 게 세근이었다. 나무 그늘에 앉아 있다가 시합이 시작

되면 삼삼칠 박수를 따라 치며 혼자 신이 나 있었다.

학교 선생들은 학생들에게 훈계할 때도 어김없이 세근이가 등장하였다.

"너희들 공부 안 하면 세근이처럼 된다!" 하고 어린 학생들에게 협박하곤 했다.

"세근이 온다." 하면 어린애들은 울다가도 울음을 멈추었고 여자애들에게는 말을 듣지 않으면 세근이한테 시집 보낸다고 엄포를 주었다.

이런 유명세로 안성에서는 지역 국회의원, 군수는 몰라도 남녀노소 가릴 것이 없이 비공식 유명인사였다.

비렁뱅이 생활을 하면서 전 군민이 다 아는 사람, 그 사람이 안성에 세근이였다.

그는 우리가 기억하는 일반 거지가 아니었다. 정리하자면 경제 자립형 노숙인(?)이라고 표현하면 서운치 않을 것 같다.

얼마 전 고향 친구들과의 모임에서 어린 시절 추억을 소환하던 중 떠오르는 이가 있었다.

야! 너희들 세근이 알지?

내 말을 듣자 모든 친구가 한마디씩 세근이에 대한 기억을 떠올렸다. 친구들이 기억하는 사연은 끝이 없었다. 그에 대한 이야기 중 한 친구의 말에 의하면 요양원 생활하다가 얼마 전에 세상을 떠났다는 소식이었다.

그의 소천은 한동안 내 가슴을 먹먹하게 했다.

이상학 수필가, 소설가

62년 충북 진천 출생
시인의 정원 20집 공저
문학고을 신인문학상 수상
문학고을 등단 수필, 소설부문
현) 문학고을 인천부천 부지부장
현) 문학고을 문단발전위원장
공저
'종합문예지 청목' 시선집 다수

노래와 함께 오는 추억들

이필수

만년필을 보면 생각나는 사람이 있다.

흰 셔츠에 잉크가 퍼져 매번 사모님께 혼이 나면서도 만년필만은 포기가 안 된다며 셔츠 주머니에 만년필을 꽂고 다니셨던 교수님. 참 멋있어 보였다. 나도 만년필을 쓴다. 누군가도 만년필을 보면 내가 떠오르는 이가 있을 것이다.

나는 노래를 지독히도 못 한다. 같은 직장을 오래 같이 다닌 후배가 노래를 잘하려면 한 노래를 정해놓고 백 번만 들어 보면 음정을 몸이 기억해 전주만 들어도 목에서 노래가 딸려 나온다고 했다. 그건 그들의 이야기다. 나는 천 번 만 번을 들어도 전주만으로 노래를 알아 맞히지 못한다. 그런 내게 노래를 참 잘했던 세 사람의 기억이 있다.

고등학교 3학년 시절.

우리 학교 물리 선생님은 그 어렵다는 물리를 참 잘 가르쳐주셨지만 주당이었다. 우리 때는 보충 수업이 있던 시절이라 1교시 수업을 시작하기 전에 8시부터 시작하는

0교시 수업이 있었다. 0교시 물리 수업이 있는 날은 참 곤혹스러웠다. 문을 열고 들어서는 선생님의 아직 술이 덜 깬 벌건 얼굴, 식초 냄새 비슷한 악취, 앞자리에 앉은 친구들은 거의 숨을 참아가며 그 시간을 보냈다. 하긴 술을 덜 깬 선생님인들 수업이 그리 녹록했을까?

우리 반에 심수봉 노래를 기가 차게 부르는 친구가 있었다. 물리 선생님께서 술이 덜 깨서 오시는 날은 그 친구를 불러내 그 새벽부터 심수봉 노래를 한 곡 뽑게 했었다. 그 새벽 수업에 그 친구는 또 간드러지게 심수봉의 '백만 송이 꽃' 같은 노래를 불렀다. 참 잘 불렀다. 어느 날엔가 또 술이 덜 깬 얼굴로 수업에 들어오신 선생님께서는 그 친구를 불러내 "다섯 손가락에 새벽 기차 함 불러 봐라~"하셨다.

나는 그 노래를 그날 처음 들었다. 어찌나 노래가 좋든지…. 지금도 가끔 맘이 싱숭생숭해지면 다섯 손가락의 '새벽 기차'를 찾아 듣는다. 그러면 지금은 이름도 기억하지 못하는 긴 머리에 여리여리했던 그 친구의 표정이 떠오른다. 그리고 눈을 지그시 감고 노래를 듣던 선생님의 얼굴도….

뒤에 전해 들은 말에 의하면 그 물리 선생님은 우리 동네 명문고등학교에서 전교 다섯 손가락 안에 들었던 우수한 학생이었지만 가정 형편상 상경하지 못하고 지방의 사범대를 나와 고등학교 선생으로 늙어가는 중이라고 했다. 그러니 자기 설움에 그렇게 술을 드시고 우리가 졸업한 뒤 쉰을 얼마 넘기지 못하시고 돌아가셨다고 한다. 소문의 진위를 굳이 확인하려 들진 않았지만, 아직도 내게 새벽 기차는 이름도 기억하지 못하는 내 동창과 물리 선생을 떠올리게 하는 노래다.

두 번째 기억은 대학 1학년 여름방학. 남해 물건리 앞바다와 함께하는 노래가 있다.

1988년 여름 진주에서 남해읍까지, 그리고 남해읍에서 물건리 동네 앞까지 버스를 갈아타 가며, 이고 지고 동아리 단합 대회를 다녀왔다. 신입생이 되고 맞는 첫 MT, 더구나 첫 바닷가의 추억이라 맘이 얼마나 설렛겠는가? 보태서 남자한테 첫 고백까지 받았으니 그날 무슨 정신으로 시간을 보냈고, 3박 4일의 일정이 지났는지 모른다. 그날 밤 선배가 나를 향한 관심을 고백하며 내게 불러줬던 노래 피노키오의 '사랑과 우정사이'었다. (하필 애매하게 끝나는 이별 노래를. 쯧쯧) 기타 치는 하얀 손, 긴 손가락, 무심하게 바다를 바라보며 너랑 사귀고 싶다는 말을 내뱉는 선배의 말을 알아듣지 못했다. 처음은 이렇게 대책 없이 오는 법이다. 둘이 사귀자고 한 날 나는 그날의 그 노래가 좋아서 사귄다고 말했고, 이 노래만큼 짧게 만나고 헤어졌다. 그럼에도 불구하고 지금이 벌써 몇 년이냐? 30년이 훌쩍 넘은 지금도 이 노래를 들으면 남해 바닷가의 그날 밤이 생각난다. 나의 첫사랑은 시작도 그러했지만 헤어짐도 서로에게 상처가 되지 않았다. 왜 상처가 없겠냐마는 풋과일이라서 헤어진 걸 그도, 나도 다 알았기에 미움이 없었다. 그러니 내가 죽는 날도 이날은 한 번쯤 떠올리며 죽었으면 좋겠다.

세 번째의 기억.
이 기억은 첫사랑만큼 아름답지 않다. 지금도 한 번쯤 만나서 그때 왜 헤어졌는지 물어보고 싶은데…. 하긴 만나 봤자 잘 헤어졌구나! 서로를 확인하는 자리밖에 더 되겠는가? 치워라, 의미 없는 짓이다.

2학년 2학기 개강한 지 얼마 지나지 않아 동아리 친구가 자기 고향 선배가 여자친구를 구한다고 미팅을 해보라고 했다. 첫사랑 싱겁게 끝나고, 과에 머슴애들은 내 친구 중 참한 여자애와 연결해 달라 나한테 상담이나 해오고, 엄청 심심한 시간의 연속이었다. 밑져 봤자 본전이란 생각에 나간 자리에 곧 졸업을 앞둔 ROTC 2년 차가 있었다. 그 아저씨는 앞으로 졸업 환송회, ROTC 임관식 등등 여자친구가 필요한 일정이 줄줄이 잡혀 있는 매우 여자친구가 필요한 상황이었고, 나는 뭐 그냥 심심할 때였다. 그렇게 연애의 시작과 함께 나는 내 남자친구의 여자친구로 여러 모임에 따라다녔다. 그 시절엔 노래방도 없으면서 돌아가며 뭔 노래를 그렇게 시키든지….

노래를 못하는 내게는 여간 힘든 모임이 아니었지만, 다행히 그 아저씨는 노래를 참 잘했다. 모임이 끝나고 2차로 간 자리에서 언제나 내 남자친구는 지그시 눈을 감고 최성수의 '해후'나 '동행' 같은 노래를 불렀다. 남자친구가 노래를 잘하니 굳이 내가 지목되는 일이 없었고 짓궂게 나에게 노래를 시키면 적당하게 편을 들어 자기가 두 곡을 부르기도 하면서 나를 챙겨줬었다. 그렇게 자상하던 그 아저씨는 군대 가고 몇 달이 지나지 않아 고무신을 발이 알아서 갈아신어 버렸다. 참 슬픈 이별이었다. 그래서 이 노래들을 들으면 왠지 우울해진다. 그리고 나는 가끔 그때가 떠오르면 '그놈은 지금도 행복할까?' 하는 생각을 한다. 단언컨대 그렇게 죽을 만큼 행복하지만은 않을 것이다. 나 같은 여자랑 헤어졌는데 그럴 수가 있겠는가? 기껏 자주 행복하고, 가끔은 지난 시간을 그리워하고 있지 않을까? 그 그리운 속에 나도 포함되겠지?

　생각해 보니 추억은 무엇인가에 기대어 온다. 노래 또한 그러하다. 그 노래에 기대어 나에게 오는 추억을 생각하며 오늘은 차례차례로 노래를 찾아 들어 볼 참이다.

이필수 수필가

1971년 경남 진주시 출생
1988년 진주여자고등학교 졸업
1992년 경상국립대학교 졸업
1992년 4월 ~ 현재: 진주시청 근무
문학고을 신인문학상 수상
문학고을 등단 수필 부문
문학고을 청목문학상(작가대상) 수상
공저
문학고을 '종합문예지 청목' 다수 참여

가정家庭 동산바치와 커피나무

정안나

「영혼의 양식」이란 생각의 자람 혹은 생각의 성숙을 이
끄는 발아제發芽製를 의미하는 것일까. 굴곡 많은 이해의
계곡을 넘어 선순환으로 되돌아온 판단에 지극한 감사를
드리고 싶어진다.

3년 이후 붉은 열매를 볼 수 있다는 안내문에 구매를
하게 된 최장 20cm 크기의 미니 커피나무에 물을 주며
나는 주부생활을 이어간다.

관심의 대상이 옮겨질 때, 이전 관심사는 갈등의 요소
를 품게 된다. 물론 그 대상이 많은 사람들이거나 세상과
의 인연으로 오랜 경험에 노출된 상태라면 갈등은 이미
최소화 되어 관심자인 어린왕자의 멀어진 눈빛을 크게
아쉬워하지는 않을 것이다.

집안 실내의 식물은 의외로 많은 관심과 사랑을 요구
한다. 강산이 세 번 바뀌고도 또 바뀌는 중이라고 여기게
하는 10년에 대한 인식이 팽팽한 대한민국 우리 땅에서
결혼생활 동안 수많은 화초들이 내 집에 들어와 죽어갔

다는 것을 나는 기억한다. '왜 내 집에 꽃들이 죽어가는 것일까?', 라며 놀라지 않을 수 없었으나 많은 시댁 사람들과 신혼을 함께하며 차마 말하지 못한 작은 슬픔이 늘 공생하고 있었던 것이다.

1989년 초봄, 대입검정고시 합격과 수료를 앞두고 실시한 학원의 적성검사에서 원예사園藝師가 적합하다는 결과지를 보고 사실 분개까지 하던 나이기도 하였었다. 그땐 내 적성이 무조건 학교의 선생님일 것이라고 초등학교 입학 이후 스스로 단정하며 살아왔었기 때문에 틀린 오답이라며 찢어버리고 싶을 만큼이었다. 그러나 나는 그대로 간직해 두기로 했다. 다른 적성 '직업값' 들도 그 결과지에 포함되어 있었기 때문이기도 하였으며, 정규학교 외의 학원에서 적성검사까지 실시하기는 어려운 시대였기에 일단은 감사하게 여겨 2025년으로부터 만 36년 전의 컴퓨터 인쇄 결과물을 받았던 그대로 서류 봉투에 담아 서랍 속 깊이 넣어 두고 살았었다.

원예사園藝師로 결과 도 될 만한 요소로는 꽃과 나무들을 사랑하고 아끼고 고향집 화단도 스스로 만들어 가꾸던 자연적으로 내재된 성품에서 비롯됨을 자각하기 까지는 주부생활, 특히 세 아이 출산과 양육하던 모성애로서는 시간이 많이 소요되었었다. 더구나 교내教內도 아닌 전남 전지역 '식목일 기념 백일장' 에서 대상은 아니었으나 장려상을 수상한 나였지 않았던가, 나는 나 스스로 잊

은 나를 일깨워주는 데이터들에 다시 감사를 할 수밖에
없는 행복한 사람이었다.

"그대가 있어 행복합니다"
누구일까? 누구의 말일까?

　문득 30여 년 전, 젊은 층의 쓸쓸한 감성을 다독이던
곡으로 김광진 작사 · 작곡, 가수 한동준이 부른 「그대가
이 세상에 있는 것만으로」라는 대중가요가 생각나도록
길을 내는 듣기 좋은 이 감동의 말, 옅은 만남 속 헤어짐
을 자각하며 마치 '사랑하였으므로 행복하였네라',라는
유치환 시인의 「행복」이라는 시詩처럼 그저 그대가 이 세
상에 있는 것만으로도 기쁨이 된다는 자기 위안제용 노
래로 외로운 자아를 달래어 주었었는데, 이후 「너를 사랑
해」라는 자작곡으로 2집을 발표하여 그 곡은 절대적으로
내것인 듯 놓칠 수 없어 CD로 구매를 하였고 지금도 늘
곁에서 있는 듯 없는 듯 동행하는데, 여기까지 이끌어 오
는 이 티 없는 사랑의 말 한마디, 다름 아닌 반려식물격
미니 '커피나무'의 '꽃말'이라 한다. 꽃말처럼 향기와
여운을 주며 집주인 모르게 24시간 풀가동으로 집안에
생기를 불어넣고 있었던 것이다. 사랑한다는 말을 못하
는 수줍음인 듯 그러나 화분의 흙에서 물이 마를 때까지
버티며 다음 물이 들어오기까지 희망을 속삭이며 일상을
노래하며 주인 발자국 소리를 듣고 조금씩 조금씩 결실

을 맺기 위해 외롭게 성장하고 있었던 것이다.

'커피나무'와는 이번이 세 번째 만남이다. 2021년 1월 '한국심리교육협회'에서 한국사지도사 등, 민간자격증 5개를 취득하며 부푼 새 희망에 발맞추어 오래 이용 중인 온라인으로 자축하며 구매하였었고, 두 번째는 작년 2024년 5월 '평생교육사2급' 실습까지 무사히 마친 후, 「국가평생교육진흥원」으로부터 승인을 받기까지 기다리던 중 구매를 하고 어여쁘게 다가온 커피나무처럼 합격을 하였었다. 그리고 한 달여 전 2025년 8월에 두 개의 커피나무를 뜨거운 사막에서 불태우듯 보내고 난 후, 다시 초록이 그리워 들여놓게 되어 자라고 있다. '이번에는 잘 살려 보리라'며 처음처럼 가스렌즈 곁에 두지 않고, 몇 해 전 결혼기념일에 첫아이에게 선물로 받은 화분 속 화초가 시들어져 무슨 일인지 걱정이 되었었는데, 뿌리까지 사라진 '금전수' 그 위에 두었고, 하나는 낡은 피아노 위에 두고 햇살을 잘 받도록 살피는 중이다. 셋째 아이를 피아노 특기장학생 되도록 키워오며 유치원 때부터 예고 준비반이 되기까지 만 9년 이상을 피아노학원에 하루도 빠짐없이 출석하며 한 번도 못하겠다는 소리를 한 적도 없던 우리였는데, 그래도 '예능음악신문사', '한국학원총연합' 주최 전국콩쿠르에서 우수상, 최우수상, 준대상을 받으며 꿈을 키워왔었는데, 서울 내 ㅅ 예고 3년간 교육비만 1억이 예상된다는 말에 그만 풀썩 주저앉고 말았고, 다만 늘 피아노 학원생 처음부터 특기장학생으로 입학하여 다니기를 이름에 부흥하지 못한 채 물거품이 되어버린 지금, 막내아이는 완전히 피아노 초급으로 되돌아가 건반을 만지는 일도 낯선 일이 되어 고등학교 3년을 다니게 되었었다. 금단현상을 앓는 듯하던 심리를 왜 몰랐겠는가, 피아니스트의 꿈을 접은 이후 모든 교육이 전부 새롭게 여겨졌을 터이나, 그나마 다행으로 미션스쿨Mission School을 졸업하며 스스로 작곡 분야 진출을 꾀하기도 하여 내심 고맙고 반갑기도 하였었다.

이사를 다니면서도 5톤 트럭에 싣고 함께 다니던 낡은 피아노, 어떻게든 직접 새 피아노를 사 주려던 계획 중에 새로 이사한 집의 전 거주자가 두고 가며 맘대로 하라는 말에 우리가 그대로 사용하기로 한 피아노 중 두 번째 피아노이다. 건반 하나둘 정도 음이 부서져 조율이 필요했지만 그마저도 쉽게 풀어주지 못하던 맘이 늘 가라앉은 맘이었나 그래도 '전국 콩쿠르'가 있을 때면 집에서 연습용으로 사용하며 조급함이나 불안요소 제거하는데 도움이 되었었다. 어쩌다 한 번씩 아무도 없던 한가한 날이면, 나도 어린 맘에 초등학교 밴드부 시절 속으로 들어가듯 그 시절 연주 실력으로 초중고 12년간의 음악책 수록곡을 다 연주할 듯하였고, 베토벤의 '엘리제를 위하여'를 악보를 보며 한 마디 한 마디 연주하며 한껏 신이 났었기도 하였었다. 내심 내게 피아노를 가르쳐주신 음악선생님이 된 듯, 최소한 유치원 신생님이 된 듯, 설레고 아쉽던 시간들이 우리집 실내 피아노와 함께 셋째 아이 세 살부터 공존하고 있었던 것이다.

　피아니스트가 되면 소프라노 조수미 씨 독창회에 반주를 맡거나, 정명훈 지휘자님과 함께 연주하는 모습을 그리고는 했었는데, 먼 이야기가 되었고 하지만 나는 음악의 중요성을 말하며 진정 필요한 피아니스트라면 모든 사람들에게 음악적 치유를 주는 연주를 할 수 있는 것으로 가까운 미래들의 여유 속에서 취미로라도 다시 시작하여 그 가지 못한 길들에 대한 연민을 채워보기를 권하고 있었기도 하였던 것이다. 만 9년 이상 주말 외, 하루도 빠짐없이 피아노학원을 다녔기에 한 동안은 「2015년 쇼팽 국제 피아노 콩쿠르」에서 한국인으로 최초 우승을 차지한 '조성진 피아니스트'가 막내아이인지 혼돈할 만큼이었다 해도 다르지 않았지만 모두들 콧방귀 뀌는 순 거짓말 취급당하기 일쑤로 작은 분노들이 도사리게 되기도 했던 것이었다. 하지만 나는 지금까지 단 한번도 SNS에 셋째 막내아이의 피아니스트 관련 글이나 영상들을 올리지 않았었고, 그러한 이유로 아무도 믿지 않게 되었나 싶기도 하니 요즘은, 지난 영상이 되었지만 살아 온 발자국들로라도 올려 보기를 권장하는 나날이 되어가는 중이었다. 이는 적당한 현대사회 참여를 의미하는 것으로 무능력한 자 취급까지는 아니더라도 자신 삶 속의 자신을 인정받을 만큼의 활동을 하는 것이 모두에게도 이로울 것으로 여겨져 권하던 길인 것이다.

　관심이기에 앞서 절체절명絕體絕命의 생명적 책임으로 임하는 부모의 역할에서는 한 순간도 아이 곁에서 떠날 수 없는 것은 당연한 것이다. 그러한 순간과 시간들에서 관심사를 옮긴다는 것은 매우 위험한 순간들이 아닐 수 없다. 즉, 아기와 아이들에서 식물들에게로 눈빛을 옮기는 일을 이야기하는 중인 것이다. 그러한즉 식물이 알게 모르게 공존하며 위험을 대신했다고 볼 수 있는 다행으로 풀리기도 하지만 중심의 존재를 반드시 기억해야만 하는 것이다. 비록 이미 가버린 두 개의 커피나무들이지만, 그러함으로 세 번째 커피나무를 맞이하게 되지 않았던가. 나와 남편의 세 아이 모두 성인이 되었고 이미 각 가정을 가질 준비들로 분주하다는 사실, 또한 새로운 즐거움이 아닐 수 없다.

　커피는 6~7세기경 에티오피아Ethiopia의 칼디Kaldi라는 목동에 의해 처음 발견된 것으로 전해지며, 따 먹은 염소들이 흥분하며 뛰어다니는 것을 본 목동이 자신도 맛을 보게 되었고, 정신이 맑아지며 상쾌한 기분을 받아 이슬람 사원의 수도승에게 전한 계기에 의해 '신비의 열매'로 퍼지게 되었다고 한다. 그때 그 목동이 이 나무 열매를 대수롭지 않게 여기었다면 어찌 되었을까 궁금해지지 않을 수 없다. 아직까지 실내에서 과실을 얻어 본 식물은 없었지만 이 커피나무가 내게 그 기쁨을 줄 수 있을지 기대가 되기도 하며, 다시 세 아이가 낳은 아이들에 의해 아이들 곁을 떠날 수 없을 것도 예상해 보게 된다.

이 일 저 일 거두어지는 것 없이 세월만 흐르는 듯 느껴지는 '그대가 있어 행복합니다' 라는 꽃말이 되기도 하는 주부생활자들은 푸념을 버리고 사회의 기본인 가정을 일구고 가꾸는 가정원예사, 가정家庭이라는 동산을 가꾸는 단 하나의 동산바치(원예사園藝師)로서 천고마비天高馬肥 가을에 독서讀書로 '영혼의 양식' 을 채워오던 선진문화先進文化들에 고요히 시간을 내어주어 볼 일이다.

정안나 수필가

「Power Bible 사랑하는 우리」 출간
현(現) 휘건전자 이사
현(現) 수필가 (Essayist:문학고을 신인문학상 수필 수상 2024.11)
현(現) 브런치스토리(Brunchstory) 작가
현(現) 네이버 오디오클립 크리에이터(네이버 블로그 운영)
구(舊) 홍익대학교사범대학부속초등학교 학습준비물센터 자료제작보조원
구(舊) 서울남산도서관 정보자료실 주말계약직
구(舊) 서울화곡초등학교 도서명예교사 간사/녹색어머니회
구(舊) 서울신화중학교 명예사서/학부모회 활동들
구(舊) 대명전자 품질관리(Q.C) 주임 등
국립한국방송통신대학교 국어국문학과 졸업(문학사 2017.02)
평생교육사2급(2024.06)
NCS 강사(2024.08)
글로벌원격교육코디네이터/진로계발지도사/성인교육지도사
CS교육전문강사 및 스트레스관리사1급외 8종 자격
문화복지사/독서지도사/한국사지도사/방과후지도사/심리상담사
TM(In·Out Bound 상담사-생명보험설계사/손해보험설계사 등)
전자출판기능사/전자기기기능사/음향영상기기기능사/무선설비기능사
국군장병위문편지쓰기 대회 우수상(체신부 주최:1982년)
식목일기념 백일장 '동시' 부문 장려상(전일방송·전남일보 주최:1979년)

특별하지 않아도 괜찮다

주진복

  책을 쓰고 싶다는 마음이 드는 순간, 우리는 자신에게 묻게 된다.

  "나는 과연 쓸 이야기가 있을까?"

  책을 낸 이들의 이력을 보면 화려하거나 특별한 사연을 지닌 경우가 많다. 죽음을 극복한 이야기, 엄청난 성공과 실패, 혹은 남다른 직업에서 체험 등. 그래서 평범한 내 삶에는 독자가 궁금해 할 이야기가 있을까 하는 의문이 자연스레 따라온다.

  최근 블로그 이웃이자 인플루언서 작가인 '부아 c'의 유튜브 강의를 들었다. 강의의 핵심은 단순했지만 묵직했다.

  "평범한 인생도 가치가 있다."

  책은 반드시 특별한 사건만을 담아야 하는 것이 아니라고 했다. 오히려 자신의 삶을 솔직히 풀어내고, 그 이야기가 누군가에게 작은 도움이나 울림을 준다면 그것만으로도 충분히 한 권의 책이 될 수 있다는 것이었다.

  나는 지금까지 세 번 죽음의 문턱을 넘나들었고, 36년간 소방관으로 살아왔다. 불길과 재난 현장에서 수많은 삶과 죽음을 마주했기에 나의 글에는 언제나 굵직한 '사연'이 따라붙었다. 하지만 문득 궁금해졌다. 나처럼 극적인 경험이 없는 사람은 책을 쓰지 못하는 걸까?

'부아 c' 작가의 대답은 분명했다. "그렇지 않다."

평범함 속에도 고유한 가치가 있다. 하루를 어떻게 살아냈는지, 어떤 고민과 기쁨을 겪었는지, 가족과 나눈 대화 속에서 어떤 깨달음을 얻었는지. 이런 소소한 이야기들이 누군가에게는 큰 위로가 된다. 책이란 거창한 '사연집'이 아니라, 결국 '공감의 기록'이기 때문이다.

화려한 사건보다 평범한 일상 속에서 피어나는 사색이 오히려 더 오래 남는다. 밥을 짓는 이야기, 아이와 산책한 기억, 부모님께 받은 작은 가르침. 이런 순간들이야말로 삶의 진짜 얼굴이고, 그것이 곧 문학이 된다.

중요한 것은 "내가 특별한 이야기를 가졌는가?"가 아니다. "내가 나의 이야기를 얼마나 성실하게 풀어낼 수 있는가?"이다. 독자는 드라마틱한 사건만 찾는 존재가 아니다. 그들도 평범한 일상을 살아가는 사람들이기에, 책 속에서 자신과 닮은 부분을 찾고 싶어 한다. 그래서 평범한 인생은 오히려 더 많은 독자에게 다가갈 수 있다.

나 역시 소방관으로 살아온 경험을 글로 풀어내며 깨달았다. 사건의 크기보다 중요한 것은 그 안에서 내가 무엇을 느꼈고, 어떻게 살아남았으며, 무엇을 나누고 싶은 거였다. 결국 글은 삶의 진정성을 담는 그릇이다.

평범한 삶도 글이 된다. 아니, 평범한 삶이기에 더더욱 글이 필요하다. 누구나 자기만의 언어로 삶을 기록할 권리가 있고, 또 그것을 기다리는 독자가 반드시 있다. 책을 쓰고 싶지만 특별한 사연이 없다고 주저한다면, 일상에서 발견한 작은 깨달음을 적어보라. 그것이 누군가에게는 깊은 울림이 된다.

글은 사건의 크기로 평가받지 않는다. 그 안에 담긴 진심과 성찰로 살아남는다. 사람들은 특별한 이야기보다 진짜 사람의 삶에서 더 큰 용기와 위로를 얻는다. 그러므로 사연이 있든 없든, 당신의 삶 자체가 이미 글이 될 충분한 이유가 된다.

결국 중요한 것은 삶의 무게가 아니라, 그 무게를 기록하는 당신의 진심이다.

책을 쓸 자격은 특별한 사람에게만 있는 것이 아니다. 당신의 평범한 하루, 사소한 고민, 소박한 기쁨 모두가 이미 하나의 이야기가 된다. 그 이야기를 성실히 기록하는 순간, 그것은 다른 누군가의 마음을 움직이는 힘이 된다. 그러니 망설이지 말고 당신의 삶을 글로 남겨라. 평범함 속에서 가장 빛나는 위로가 피어난다.

주진복 수필가

대졸 법대 법학 전공
전 양구소방서장, 전 춘천소방서장,
전 강원도소방본부 소방행정과장,
전 강원도소방본부 소방본부장 직무대리,
전 강원도 소방본부 방호구조과장,
전 삼척소방서장
문학고을 신인문학상 수상
문학고을 등단 수필 부문

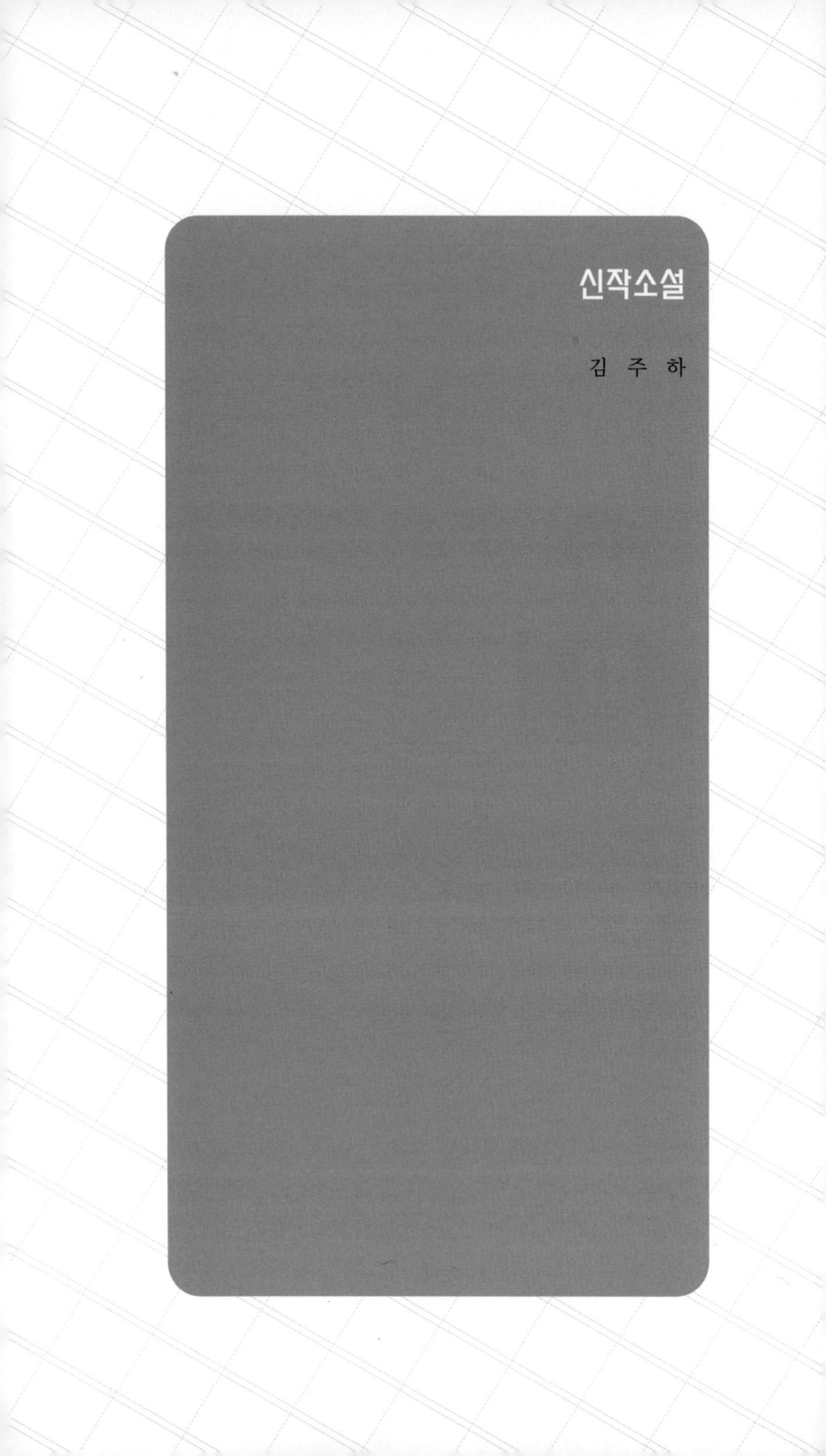

신작소설

김 주 하

유리 벽

김주하

1장 – 두 아이

버스에서 내리면 가장 먼저 보이는 것이 '대성 이발소' 간판이다. 파란색과 빨간색이 끝없이 돌고 있다. 시간처럼, 계절처럼. 언제부터였을까, 저 색깔들이 내 마음속에서도 함께 돌기 시작한 것은. 어느덧 삼 년의 시간이 훌쩍 흘러갔다.

이발소 앞을 지날 때면 나는 언제나 발걸음을 늦춘다. 유리창 너머로 스며드는 따스한 불빛과 거울에 비친 낯선 얼굴들이 묘한 그리움을 불러일으킨다. 무엇에 대한 그리움인지는 나도 알 수 없지만. 주인으로 보이는 대머리 아저씨가 늘 같은 시간에 바닥을 걸레로 닦고 있다. 언제부터인가 아저씨와 나는 눈인사를 나누는 사이가 되었다.

아버지와 비슷한 연배일 것 같지만 여쭤본 적은 없다. 아니, 이발소 안으로 들어가 본 적도 없다. 유리창 너머로만 바라본 그 안은 내 어린 시절 교실의 칠판과 분필처럼 흑과 백이 대조적으로 채우고 있었다.

88 올림픽을 앞두고 온 나라가 들떠 있다. 세상은 온통 색깔로 물들어 있다. 아침 햇살의 금빛, 하늘의 푸른빛, 아이들 볼의 장밋빛. 그 수많은 색깔 사이에서 나는 어떤 빛깔로 존재하고 있을까. 혹시 나는 투명한 것은 아닐까? 아무도 알아차리지 못하는…

평화의 상징이라는 서울 올림픽의 개최 발표는 '서울 코리아'라는 단어를 만들어냈다. 1980년 모스크바 올림픽에는 공산주의 국가들만, 1984년 LA 올림픽에는 서방 국가들만 참가한 불완전한 잔치였다고 비교하며 이번 올림픽을 치켜세운다. 온 세상이 올림픽이라는 하나의 꿈에 취해 있다. 브라운관 속 아나운서는 매일 진지한 표정으로 인류의 화합을 설파한다. 그 바람에 사람들의 모든 이야기가 올림픽에서 시작되어 올림픽으로 마무리되는 나날들이었다. 모두가 오래 기다려온 축제의 전야처럼, 그 꿈을 향해 흘러간다.

올림픽 선수들이 이 전라도 끝자락까지 발걸음을 옮길 리도 없다. 수많은 카메라가 이곳 풍경을 담아 갈 일도 없을 터이다. 그런데도 대성 초등학교의 벽은 새하얀 페인트로 단장되어 있다. 크레파스로 마구 그려대고 싶어하는 아이들의 마음을 곁눈질하듯 서 있는 그 벽은, 언뜻 보면 하얀 공단 옷감을 씌워 놓은 듯 어색해 보이기도 했다. 하지만 내게는 어린 시절 공책의 첫 장처럼 설레는 것이었다. 동네 골목대장이 첫사랑 이름을 큼지막하게 적어놓아도 좋을 것 같은 커다란 도화지처럼 보였다. 유달산 말고는 딱히 가볼 곳도 없는 이 도시는 사실 많은 단장이 필요한 곳이다. 발전이 멈춘 채로.

새로 단장한 학교 담벼락 아래로 키가 비슷비슷한 아이들이 등교하고 있다. 세계는 평화롭다고만 생각하는 표정과는 달리, 아침 햇살을 등에 지고 각자의 개성대로 걸어온다.

쫄깃한 고무 과자를 입에 물고 걸어오는 한 아이는 매일 아침 학교 앞 문방구에서 군것질거리를 고르느라 종종 늦곤 한다. 꼬깃꼬깃 접어진 드래곤볼 만화책을 읽으며 발을 헛디딜 것 같으면서도 잘 걸어오는 다른 아이. 다 떨어진 운동화 뒤축을 접어 신고 정신없이 뛰어오는 아이. 예쁘게 양 갈래로 머리를 땋아 내리고 사뿐히 발걸음을 옮기며 주변을 살피는 여자아이. 매일 아침 비슷한 모습이지만, 그 아이들의 컨디션에 따라 리듬은 달라진다. 경쾌한 이 박자, 느긋한 사박자처럼 하루의 선율이 이 순간에 정해지곤 했다. 아이들의 걸음걸이 속에는 하루의 모든 가능성이 숨어있다.

따르릉, 시작종 소리와 함께 웅성거리는 수다를 멈추게 하는 것은 나 같은 선생님의 몫이다.

현은 볼이 유난히 발그스름한 여자아이였다. 영은 눈동자가 송아지처럼 새까만 여자아이였다.

현과 영. 두 아이는 내가 맡은 반에서 유독 눈길을 끄는 예쁜 아이들이었다. 낡은 교실 한편에 놓인 새 교구처럼, 주변과는 다른 빛을 내고 있었다.

나중에 알게 된 사실이지만, 이 두 아이의 아버지는 같은 분이었다. 생활 기록부에 적힌 어머니 성함이 서로 다른 까닭을 처음에는 짐작하지 못했다. 전 학년 담임에게 물어보았으면 쉽게 알 수 있었을 텐데. 미련한 나 자신을 탓하는 며칠이 지나고서야 사실을 알게 되었다.

확인해 보니 현은 동네 산 밑 화려한 기와집에서 어머니와 단둘이 살고 있었다. 영은 시내 쪽 새로 지은 넓은 아파트에서 부모님과 함께 생활하고 있었다. 두 아이의 아버지는 두 개의 보금자리를 오가며 살고 계셨다.

학기 초에 찾아와서 고백이라고 하기도 불분명한 태도에는 공감할 수 없었다. 진지한 상담도 아니었고, 자신의 변명이 먼저였다. 아이들의 교육과는 무관한 내용이었다.

그럴 수밖에 없는 상황에서 아버지 노릇을 제대로 하고 있는지, 이 아이들의 학교생활을 보고 판단하는 것이 내 몫이었다. 갑자기 두 아이의 머리 모양이 헷갈리기 시작했다. 영이 묶고 다녔던가? 유난히 갈색빛 머릿결은 현이 어머니를 닮았을까. 현은 늘 머리를 찰랑거리며 풀고 다녔다.

가난의 굴레에서 벗어나지 못한 채 하루 끼니 걱정만 하며 인생을 풍파에 내맡기고 사신 내 아버지와 비교해 보니, 이 두 아이의 아버지가 새삼 대단해 보이기도 했다. 두 가정을 거느린 가장으로 여유롭게 걸어가는 뒷모습은 늙고 병든 내 아버지의 모습과 머릿속에서 교차했다.

그 순간 깊숙한 곳에서 화가 끓어올랐다. 얼굴이 화끈거렸다. 어린 시절 다른 아이들의 도시락을 부러워하며 바라보던 불우한 때를 지금 다시 떠올려야 하나.

2장 - 도시락 반찬

나도 모르게 관찰자의 눈으로 바라보다가 이 두 아이의 친밀함에 실망한 적이 있었다.

혈육이라 그런지 둘은 떨어져 있어도 통하는 듯했다. 내가 수업 시간에 질문을 던지면 동시에 대답할 때가 많았다. 그 신기한 모습을 잊기도 전에 음악 시간 돌림노래에서는 그 누구보다 척척 잘 불렀다. 그럴 만도 했다. 남보다 얽힌 관계 탓인지 다툼도 잦았다. 체육 시간에 뭔가를 할 때면 같은 편이 되지 않으려 했다. 간혹 같은 옷차림으로 등교하는 날이면 서로 갈아입고 왔다며 야단법석을 떨곤 했다.

같은 옷을 입고 올 때면 나는 두 여자를 번갈아 품었던 한 남자의 얼굴을 떠올리게 되었다. 아니라고 생각하기에는 너무 많이 닮았고, 자세히 들여다보고 있으면 전혀 다른 이미지의 두 아이였다. 그래서 이 아이들이 싸 오는 도시락 반찬이 궁금해졌다. 화창한 어느 오전, 나는 선포

했다. "오늘부터 선생님은 점심때 돌아가면서 너희들과 밥을 먹을 거야." 그날부터 나는 내 도시락 반찬 때문에 골치가 아파야 했다. 어린 시절 소풍날 빈곤한 도시락 보이기가 부끄러웠던 그때도 지금처럼 머리가 아팠다.

공주처럼 화려한 옷을 좋아하는 현은 자신의 발그레한 볼처럼 붉은 소시지 반찬을 유난히 좋아했다. 달걀물을 입힌 큼지막한 소시지를 반찬 그릇 가득 거의 매일 싸 왔는데, 밥보다 더 많았다. 김칫 국물이 흘린 가방에서 꺼낸 보리밥과 짠지로 연명하는 가난한 친구들과는 잘도 나눠 먹으면서, 영이 소시지 하나 집어 먹으려 하면 기겁을 하며 눈을 사정없이 흘겼다. 절대 뺏기고 싶지 않다는 기세로 씩씩거렸다. 그 표정은 마치 아빠를 나눠 가지고 싶지 않다는 본능이 폭발하는 것처럼 과했다. 하지만 늘 함께 앉아 먹었다. 현의 부모 중 누가 자매는 그래야 한다고 시켰는지는 묻지 않았다.

생일을 헤아려보니 현이 동생이었다. 흔히 드라마나 소설에서 그려지듯 현이 어머니가 정실부인일 것 같았다. 그러니 둘만 살겠지. 배경을 어느 정도 설명해 주었던 그날의 보호자는 정작 가장 중요한 것은 말하지 않았다. 두 딸에게 신경을 써주면서 스스로 알아내라는 것처럼…

이 아이들은 분명히 서로의 관계를 잘 알고 있는 듯했다. 현의 이기심을 영이 매번 잘 참아내는 것이 눈에 띄었다. 석 달 먼저 태어난 언니여서 그 모습을 귀엽게 받아들이는 것으로는 보이지 않았다. 초등학생치고 철이 든 영의 행동이 서서히 삐딱하게 보이기 시작했다.

영이 도시락 반찬을 들여다보니 색이 조화로웠다. 한 가지가 아니라 조금씩 나누어서 빈틈없이 담겨 있었는데, 색깔별로 시금치나 부추, 단무지나 계란말이, 붉은 깍두기나 김치 등으로 색을 입혔다. 단정하게 보였다. 큼지막한 소시지로 영양을 채워 이기려는 현의 도시락을 생각하니 비웃음이 나왔다. 나는 젓가락을 곱게 세워 하나씩 집어 꼭꼭 씹어 먹었다. 어린 시절 어머니가 정성스럽게 차려주신 소박한 밥상을 대하던 그때를 떠올렸다.

밥만 먹을 것이 아니라 궁금한 여러 가지를 캐낼 기회라는 생각이 들었다. 같은 옷이 많아서 처음에는 같이 사는 줄 알았던 나는 느닷없는 질문을 던지고 말았다.

"영아, 너희들 옷은 누가 사주시니?"

조용한 성격의 언니에게 물었던 것이 그나마 다행이었다. 듣고자 하는 대답이 정해져 있지는 않았지만, 돌아온 그 아이의 대답이 예상과 달랐다.

"우리 엄마가 저를 사주시면 현이 집 엄마가 따라서 사는 거예요."

"따라서 사?"

멍청한 질문이었다. 후회하기에는 늦었지만, 영의 수치심이 언뜻 지나가는 것을 보았을 때 전혀 낯설지 않아 고개가 절로 끄덕여졌다. 제발 그런 건 묻지 말아 달라는 그 눈빛은 현이 소시지 하나를 뺏겼을 때 흘긴 그 눈빛과 매우 흡사했다.

어머니들 사이의 미묘한 경쟁이 아이들에게까지 번져가는 듯해서, 같은 옷을 입고 오는 날이면 두 아이만 유독 눈여겨보게 되었지만, 이런 시선을 거두어야겠다는 생각은 들지 않았다. 마치 금지된 일기장을 몰래 읽는 것처럼 죄책감과 호기심이 뒤섞였다.

같은 옷이 없는 날이면 현이 더 화려한 옷을 입고 오는 것을 보았다. 아마도 현이 어머니가 더 신경 써서 골라주는 것 같았다.

가정방문 기간이 돌아왔다. 나는 아버지의 어둡고 고생스러운 삶에 대한 보상이라도 받듯, 그 두 집안의 투명하지 못한 내막을 확인할 수 있다는 마음에 즐거워졌다.

밀가루 소시지는커녕 단백질 보충도 어려웠던 어린 시절을 보내고 간신히 이만큼 버텨온 나와, 재산 한 푼 없이 병들어버린 내 아버지가 이 아이들 아버지보다 훨씬 나은 분이라고. 나는 그분의 꽤 괜찮은 딸이자 선생님이라고 스스로 단정 지었다. 그것이 위안인지도 모른다.

이 두 아이의 어머니가 어떤 식으로 자신들의 불행을 위장할지 생각하니 가슴이 두근거렸다. 남편을 빼앗긴 현이 어머니는 어떤 모습일까? 그래서 영이 어머니를 먼저 보기로 했다. 그것이 더 순조롭고 흥미로울 것 같았다. 영이 너무 말이 없기 때문이었다.

날이 다가올수록 나는 마치 추리소설의 마지막 장만

남겨놓고 잠드는 소녀처럼, 결말을 두고 많은 장면을 연상하는 극장의 관객처럼 기대하며 기다렸다.

내 마음속 호기심처럼 이발소 안의 흑백이 섞인 의자가 빙글빙글 돌며 눈에 어른거렸다.

3장 – 가정방문

영이 어머니의 손가락은 곱게만 살았을 법한 가늘었지만, 힘이 있어 보였다. 과일을 능숙하게 잘 깎았다. 사과 껍질이 가지런히 벗겨지고, 조용한 방 안에 자명종 시계의 초침 소리가 둘의 호흡과 일치하게 들려왔다.

넓은 아파트는 군더더기 하나 없이 정사각형을 연상시키는 실내장식으로 꾸며져 있었고, 조화라는 말이 따로 필요 없을 만큼 고급스럽고 깔끔했다. 가정부로 보이는 한 아주머니가 조용히 나를 쳐다보더니 말없이 방으로 들어가 청소하는 것 같았는데, 자주 들락거렸다.

함께 들어온 영은 커다란 아파트 베란다에서 화분에 물을 주고 있었다. 그 모습이 사과를 포크에 찍어 먹으라고 건네주는 어머니의 옆모습과 매우 닮았다.

"아이가 말이 없지요?" "영이 어머니를 닮았군요. 얌전하고 조용해요." "일찍 철이 들었나 봐요."

초등학교 4학년 아이가 철들었다는 말이 이들의 환경을 말해주는 것 같았다. 첩이라는 자리에서는 볼 수 없는 차분한 여유로움이 있었고, 목소리도 도도하면서 가라앉아 있었다.

어쩔 수 없었노라고 살아온 이야기를 드라마처럼 듣고 싶은 바람은 아예 없었다. 하지만 들켜버린 현실에 관해 아이 교육을 빌미로 넌지시 비춰주지 않을까 하는 기대는 했었다.

'나는 이 아이의 담임선생이란 말입니다.'

속으로 내뱉고 사과 한 입을 베어 먹었다. 이 아이의 생각과 인성을 바로잡아줄 사람이 나라는 사실을 마주 앉아 있는 이 여자가 제발 알아주기를 바랐다. 그것은 이 집안의 삼류 소설 같은 현실과는 상관없는 것이었다.

"현이랑은 잘 지내나요?" '그렇지, 그런 말을 해야지.'

포크를 내려놓고 자세를 고쳐 앉았다. 기다렸던 대화라고 알려주는 표시이기도 했다.

"아이들은 다 똑같죠. 티격태격 말다가 사이좋게 잘 지내요." "네."

무거운 정적이 흘렀다. 영이 뛰어 들어오더니 사과 한 입 물고 나간다. 이 아이는 어머니를 닮아서 무척 말이 없었다. 이럴 때 한마디라도 건네주고 가면 좀 좋으련만.

"영이 어머니, 영이 집에서 무슨 말 안 하던가요? 학교 생활에 대해." "워낙 조용한 편이라."

"요즘 성적이 조금 떨어졌어요. 무슨 일은 없는 거죠?"

요란스럽게 울려대는 전화벨 소리가 없었다면 무슨 대

답을 들을 수 있었을까?

"여보세요. 그래요~ 네, 오셨어요. 알겠어요." 간단한 통화 후 나를 힐끔 쳐다보고는 말했다.

"저희가 갑자기 집안 모임이 생겨서 나가봐야 할 것 같습니다, 선생님."

"아, 네네. 날을 잘못 정했네요." "선생님 잘못이 아니에요. 죄송합니다."

"시간을 갖고 아이에 대해 말씀 좀 나누고 싶었거든요."

"공부는 하고 싶을 땐 열심히 하다가 안 하고 그러니까요. 걱정하지 마세요."

한 시간도 채 안 되는 시간이 마치 반나절이 지난 것처럼 느껴져 서둘러 일어났다. 방문을 열고 나가 보니 영은 덤덤한 표정으로 잘 가시라는 듯 쳐다보고 있었고, 영이 어머니는 부리나케 현관으로 나를 배웅했다. 빨리 나가 주는 것이 예의였다.

인사도 하는 둥 마는 둥 아파트를 나와 걷는 동안 대화를 곱씹어 보았다. 아까 그 전화는 영이 아버지인 게 분명했다. 자신들의 어긋난 환경을 오래 보여주지 말라고, 빨리 보내라고 했을까. 첩치고는 재미없는 캐릭터였다.

호돌이 마스코트를 파는 리어카 상인이 쭈그리고 앉아 컵라면을 먹고 있었다. 그 냄새가 지난날을 소환시켰다. 지겨운 냄새다. 마치 어린 시절 끼니를 때우던 라면 냄새처럼. 이 지겨운 냄새는 맡을 때마다 배를 고프게 한다.

 현이 어머니의 첫인상은 화려함이었다. 면 셔츠에 면 바지를 입고 앉아 있어도 녹차를 따르는 손동작은 매끈했고 손은 두툼했다. 수수한 차림은 기와집과 전혀 어울리지 않았지만, 영이 집도 생각과 많이 달라서 비긴 걸로 할 셈이었다.

 보여줄 것을 감추려고 서로 전화라도 하지 않았겠냐는, 생각을 하다가 그냥 이 상황에 집중하기로 했다. 이 넓고 화려한 기와집에서 마님 노릇을 하며 지내는 본부인의 심정을 들을 수 있으려나 모르겠다.

 "현은 안 보이네요. 같이 들어왔는데."

 "아이가 원래 사방팔방 정신이 없어요. 제 아빠 닮아 부지런한 건지 저를 닮아 덜렁대는 건지."

 어머니를 닮아 덜렁대는 것이다. 현은 자주 넘어진다. 생각과 다른 대답을 하려다 그냥 웃음으로 때웠다.

 "선생님, 오늘은 뒷마당 장독대 청소하는 날이라 제가 복장이 이래요. 집이 워낙 넓어서 한군데 청소하려면 한나절이 걸린다니까요."

 "네~ 직접 다 하셔요? 청소를요?" "가정주부가 뭐 달리할 일이. 이게 일이지요."

 가정주부라는 말이 어울리지 않았다.

 "우리 현이 영이랑도 잘 지내죠? 이사 가기 전에는 늘 붙어 있었는데. 가시나~ 놀러 오래도 좀 컸다고 잘 오지도 않네요."

하긴 아이들은 어른들과 상관없는 피를 나눈 자매다. 이제 와서 새삼 잊고 있던 사실이라고 말 편히 건네며 히죽거리고 싶은 것을 간신히 참았다.

"아이들은 다 똑같죠. 티격태격하다 또 말다가. 사이좋게 잘 지내요." 같은 대답을 할 수밖에.

"아휴~ 옷도 같은 걸로만 입으려고 하니. 현이 덩치가 더 커서 먼저 사 입으면 영이 바로 따라서 사고~ 누가 자매 아니랄까 봐요." "아, 네. 그렇군요."

"같은 옷 없어 봐요. 난리~ 현이 옷을 고를 땐 아예 한 벌 더 있나 보고 산다니까요."

그렇지. 조용한 영이 거짓말을 한 거였다. 역시 첩의 딸이라 어쩔 수 없다 싶었다.

전화벨이 울렸다. 두 여자의 남편은 전화도 딱 맞춰서 양쪽에게 한다. 모른 척 벽지를 훑어보았다.

"여보세요. 네~ 여보. 오셨죠. 지금 차 한잔해요." 현이 어머니는 뭐가 그렇게 좋은지 미소가 가득했다. "아휴~ 알았다니까요. 걱정 말고요. 일찍 들어오세요."

나를 내보내지는 않을 모양이었다. 태연한 척 집안을 둘러보니 고풍적인 분위기가 나를 진정시켰다. 속마음을 훤히 내보이는 딸아이만큼이나 그 어머니도 솔직한 것은 분명했다. 내가 다 알고 있는 대화만이 오고 갔다. 지루하고 따분한 나는 자꾸 손목시계를 들여다보았다.

현이 어머니는 선물 상자를 들고나왔다. 홍삼 진액이

들어있는 그 상자는 고급스럽게 포장되어 있으며 제법 무거웠다. 환하게 웃으며 건네주는 현이 어머니는 다른 어머니와 전혀 다를 바가 없었다. 남편이 다른 여자와 살고 있는 것이 전혀 문제가 되지 않는 여자의 모습이었다.

내 어머니가 아닌 아이들의 두 어머니를 비교했다. 가정방문 중 성의라고 넣은 돈 봉투와 묵직한 선물은 모든 이들이 갈망하는 선생님이라는 직업을 가지면 받을 수 있는 것들이다.

늙고 병든 내 아버지는 내가 말을 알아듣기 시작할 때부터 선생님이란 단어를 노래로 불러주셨는데, 사실 이렇게 짭짤할 줄 몰랐다. 어린 시절 아버지가 꿈꾸시던 선생님의 모습과는 다른 현실이었다. 아버지의 생각은 이 짭짤함이 아닐 테지만.

현이 어머니는 상자를 내 핸드백과 같은 방향으로 가지런히 놓아두었다.

"선생님, 별거 아닙니다. 저희 아이가 덜렁대고 좀 욕심이 많지만 잘 가르쳐 주시면 말을 안 듣는 아이는 아니에요. 잘 부탁드릴게요." "뭘 이런 것을 다 준비하셨어요. 현이 착하고 말 잘 듣습니다." "영이 신경 좀 많이 써 주세요. 제 엄마 아픈 뒤로 통 말을 안 해서. 선생님이 잘 좀…"

아프다고 한다. 하얀 피부에 과일을 잘 깎고 깔끔하게 아파트를 단장하던 그 영이 어머니가 아프다는 소리를 한참 동떨어진 화려한 기와집에서 듣게 되었다.

"어디가 아프신가요?"

"모르셨군요. 제가 말을 많이 할 부분이 아닌 것 같기도 하고. 암튼 그렇게 아시고 잘 좀 챙겨주세요. 어쨌거나 현이 하나밖에 없는 피붙이예요."

받아 들고 나온 선물 상자가 무거워서인지, 현이 어머니에게 들은 영이 어머니 이야기에 마음이 버거운 건지 도통 모르겠는데 걸음까지 더뎠다. 사거리 금은방 가게 안 텔레비전에서는 올림픽 뉴스가 진열된 금은보석보다 더 번쩍거리며 부산을 떨고 있었다.

여름이 오려면 아직 멀었는데 몸 안에 습한 기운이 감돌면서 학생들보다 더 기다려지는 여름방학이 얼마나 남았는지 세어보았다.

4장 – 아버지

지난달 만기 된 적금으로 큰맘 먹고 냉장고를 사겠다던 새댁 김 선생이 오늘 남편과 싸웠다며 하루 종일 내 옆에서 투덜거렸다. 차분한 성격인데 부부 싸움은 예외가 없나 보다.

냉장고 모델을 두고 서로 의견 차이일 뿐, 그렇게 화낼 일도 아닌데 당장 헤어질 사람처럼 으르렁거리고 있는 김 선생에게 나는 말했다. 오늘 갈 곳이 있다며 냉장고는 혼자 고르라고. 천하에 없는 고아가 된 표정으로 섭섭함을 감추지 못했지만 이내 총총거리며 밖으로 향했다.

방학 때라 다음 주 당직 때나 볼 텐데 내일 볼 사람처럼 "그럼, 가"라는 짧은 말을 남기고.

내가 갈 곳은 가기 싫어하는 곳이다. 이제는 그만 갔으면 하는 곳이다. 정작 그만 가야 할 때는 가장 슬픈 날이 될 것이다. 5년째 봄가을이면 입고 다니는 트렌치코트를 둘러 입고 버스 정류장으로 향하던 나는 무심코 '대성 이발소' 안을 보게 되었다.

그 좁은 곳은 대여섯 명의 손님으로 흑백이 가려져 보이지 않았다. 찾아야 할 것을 찾지 못한 사람처럼 두리번거리자, 주인아저씨가 나를 쳐다보았다. 아저씨는 나를 알아보지 못하는 것 같았다. 출근길에만 보았던 모르는 여자가 되었다. 이제부터는 퇴근길에도 들여다봐야겠다는 이유 없는 책임감이 들었다.

5년째 요양병원에 치매로 누워계시는 아버지를 찾아보는 날은 높은 하늘이 따가운 듯싶어서 거칠게 눈을 비비곤 한다. 고생만 하시다 딸이 그토록 원하시던 선생님이란 호칭을 듣는 날부터 횡설수설 똥오줌도 못 가리시고 죽지 못해 살아가는 늙은이로 누워만 계신다.

아버지 인생에서 운이란 것은 찾아오지 않았다. 아버지 역시 그것을 기다리지도, 바라지도 않으셨다. 한 달에 두서너 번 찾는 이곳에 왔다 가면 온몸에 진이 빠진다. 어린 시절 무거운 책가방을 메고 긴 언덕길을 오르내리던 그때가 떠오른다.

잘 부탁한다고 담당 간호사에게 며칠 전 선물 받은 홍삼 진액을 안겨주었다. 어차피 쓰디쓴 건강식품은 아직은 젊은 나에게는 별로다. 건네준 홍삼을 누가 먹게 될지 궁금해졌다.

아버지는 어떠냐는 물음에 늘 같은 답이 되돌아온다.

"좋아지신 것 같아요." '뭐가 좋아졌다는 말인가요?' 라고 반문하려다 그냥 고개만 끄덕였다.

이들은 노인이 좀 더 많이 자면 좋아졌다고 한다.

똥 누는 횟수가 줄어들면 좋아졌다고 한다. 병실 침대에서 내려오다 넘어지지 않으면 좋아졌다고 하고, 목욕시키러 데리고 움직일 때 순순히 따라오면 좋아졌다고 한다. 불쌍한 우리 아버지는 전혀 좋아지지 않으셨다.

이제는 나를 전혀 못 알아보시고, 누구냐고 묻는 물음에 설명할 답이 없어서 그냥 바라보다 온 적이 한두 번이 아닌데, 무조건 좋아졌다고 대답하는 이 간호사에게 나는 아무 말도 할 수 없다.

불쌍한 양반. 당신을 위해서 단 하루도 살아보지 못한 채로 딸에게 예의를 갖추신다. 어떤 남자는 두 여자 다 갖고 자식들 낳고 보란 듯이 사는데 당신은 왜 그토록 고생만 하다가 고작 이 모습인가⋯ 퍼붓고 싶다. 똥 기저귀 찬 엉덩이를 걷어차고 싶다. 불쌍하기 짝이 없는 아버지가 이제는 나를 영영 기억에서 지우지 못하도록 실컷 때

려줄까?

슬프다는 것은 바로 이런 것이다. 딸은 보고 말하고 있지만, 아버지는 담고만 있다는 것이다.

병원 복도는 너무 환해서 결말이 우아한 영화의 상상 장면에 나오는 조명이 켜질 때의 한순간 같다. 병실 문을 열고 나오면 마치 시험의 관문을 통과한 사람처럼 내 앞에 통로가 새롭게 펼쳐진다. 진이 빠지는 양만큼이나 길었다가 짧아졌다 어둡고 밝음 사이를 교차하게 한다.

복도에서 자주 보는 광경은 가관이고 볼썽사나우나 이제는 익숙하다. 며느리가 죽일 년이라고 그 며느리에게 흉보고 있는 앙칼진 시어머니가 안쓰럽고, 우두커니 벽면 모서리만 쳐다보고 있는 힘 빠진 할아버지는 눈알이 회색이어서인지 무섭다. 훔쳐 간 우유 돌려 달라며 간호사에게 덤비는 할머니는 제법 미인이지만 뚝 하면 바지를 벗는다. 벌써 서너 번 봤는데 나 외에는 빤히 쳐다보지 않을 만큼 질리게 다들 본 모양이다.

간만에 먹거리만 주렁주렁 들고 오는 가족들의 모습은 마치 비장한 군인 같다. 작정하고 온 듯 표정들이 심각하다가도 노인들 앞에 서면 뻔한 질문을 해대느라 정신없다. 잘 주무시냐고, 아픈 곳은 없으시냐고, 그리고 나 알아보시겠어요?

가을이 깊어져 거리는 울긋불긋 물들어 간다. 온 나라가 올림픽 준비로 들썩이지만, 나는 나를 몰라보는 아버지를 보이지 않게 숨기느라 누르고 눌러야 했다. 마치 어린 시절 아버지 앞에서 성적표를 숨기던 그때처럼. 세상이 온통 회색으로 물들어 간다.

내 마음속 체념이 갈색으로 번져간다. 교실 칠판에 분필 가루가 쌓이듯, 시간이 지날수록 더욱 두터워져 간다.

5장 – 병명

허기진 채로 뛰다가 걷다가 집에 도착하면 어머니를 거의 볼 수 없었다. 안에서 소리가 들리면 어머니 모습일까? 들여다보고 들어가곤 했는데, 남들이 보면 남의 집인 줄 알았을 것이다. 양계장에서 일하고 들어오면 날이 추워도 냄새난다고 뒷마당에서 찬물로 씻고 들어오시던 어머니가 폐결핵으로 피를 토하고 돌아가셨을 때 아버지는 처음으로 우셨다. 장례를 치르고 돌아온 그날, 어머니가 마지막으로 싸 온 보따리 안의 달걀을 세어보고 있는 내 귀에 아버지의 쥐어짜는 숨소리가 들려왔다. 가느다랗게 귓불을 건드리는 그 소리가 무서웠지만, 나는 계속 달걀을 세고 있었다.

개학 후 아이들은 훌쩍 커버린 키에 새로 산 신발들을 신고 왔다. 가을바람이 선선히 불어오는 날은 학교 운동장에서 여러 패로 나뉘어 노는 아이들을 구경하는 재미가 쏠쏠했다.

체육 시간에 철봉에 대롱대롱 매달린 두 아이의 모습이 신선한 예술품 같아 보였다. 어쩜 저렇게 똑같을까. 힘들면 미간을 움직이며 혀를 내미는 것도 닮은 것이 영락없는 자매였다.

점심시간에 받은 한 통의 전화벨 소리가 유난히 시끄럽고 날카로웠다. 소리라는 것은 같아도 다를 때가 있다. 두 아이의 아버지에게서 걸려 온 전화 내용은 오늘 현이 어머니가 학교에 온다는 것이었다. 자세한 내용은 말하지 않았지만, 평소와 달리 말끝을 흐리는 것으로 보아 심상치 않은 일임을 알 수 있었다.

현이 어머니가 자연스럽지만 급한 걸음으로 교문을 들어서는 것을 보는 순간, 나는 설렘에 들떴다. 안채를 차지하고 사는 영이 어머니와 그 어떤 문제를 일러바치러 온다면 내가 적격일지 생각했다. 그런 이야깃거리를 기대하고 바라보고 있자니 빨간 피와 어머니와 달걀이 잊혔다.

교무실 안 분위기는 화려한 빛을 숨기고 있는 현이 어머니에게는 어울리지 않았다. 이 여자가 멋을 부리지 않아도 화려해 보이는 이유 중 하나는 키가 크기 때문인 것 같았다. 그 큰 키에 보석이 박힌 하이힐까지 신고 온 모습이 교무실 안 모든 사람의 시선을 끌었다. 들고 온 쇼핑백 안의 상자는 정갈한 하얀 포장지에 친절하게 보라색 리본까지 묶여있었다.

크림 세 숟가락 넣은 커피 냄새가 구수한데, 나비가 그려진 커피잔만 뚫어지게 바라보는지 몇 분이 흘렀을까?

시간이 흐를수록 나는 더 여러 가지 상상만 하게 되니 어서 말문을 떼어 주는 것이 기대치 낮추는 일이었다.

"선생님, 말 꺼내기가 어렵네요." "말씀하세요. 뭐 안 좋은 일이라도."

물 한 잔을 요구했다. 나는 내가 쓰는 머그잔을 씻어 따뜻한 보리차 한 잔을 가져다주었지만, 원하는 것은 차디찬 냉수였나 보다. 머그잔만 만지작거리고 있었다. 입술이 바싹 마르는지 작은 입술을 실룩거렸다.

"영이 엄마가 아픕니다." "아, 네. 그때 그러셨죠? 어디가 아프신데요?"

여기까지 들어보니 텔레비전 드라마처럼 뻔하고 뻔한 결말이 벌써 떠오르기 시작했다. 무릎 위에 놓인 핸드백은 사용감은 있어 보이지만 명품인 것이 너무도 티 났다. 살짝 닳은 그 가방은 세월이 명암까지 조성해 주고 있었다. 아픈 둘째 부인 이야기와 본처의 명품 가방으로 설정되는 이 화면 속의 본처는 점점 언성이 높아지면서 표독스러운 표정을 지어야 재미있어진다.

"치매랍니다." "네? 나이가… 아니, 영이 엄마 연세가…"

"한참 진행이 되었대요. 깜빡거리기 일쑤에다 이제는 사람도 못 알아보고, 며칠 전에는 집을 나가서 못 찾아와 한참을 가족들이 애가 탔네요. 병명을 안 지 몇 개월 지났는데 영은 아직 모릅니다."

내 아버지와 요양병원에 계시는 그분들에게만 해당하는 병인 줄 알았다. 아니다. 늙고 힘이 없어야 걸리는 병 아니었던가. 앞으로 영이 어떻게 해야 할지 많은 것을 알려줄 수 있는 경험자였지만, 그것을 받아들이기에는 아직 그 아이는 너무나 어렸다. 이제는 초등교육뿐만 아니라 치매 환자의 못 볼 꼴을 어떻게 견뎌야 하는지 알려줘야 하는 진짜 선생님이 되었다.

"어떻게 하실 계획이세요?" "그 문제로 말씀드려야 할 것 같아 찾아뵈었습니다."

하얀 포장지의 선물은 영이 어머니가 보낸 것이었다. 가정방문 때 주려고 준비해 놓은 것을 그날 깜빡 잊으셨다면서, 정신이 멀쩡한 날 현이 어머니에게 전화해서 부탁해서 가져온 것이었다. 포장지 안에는 우윳빛 털실로 짠 꽈배기 모양이 들어간 카디건이 고이 접어져 있었다. 가느다랗지만 힘 있어 보이는 그 손가락으로 뜨개질도 잘했다고 한다. 넉넉하게 짠 스웨터는 굳이 몸 치수를 몰라도 보통 몸매의 여자들에게 누구나 잘 어울리는 디자인에 고급스러웠다.

'선생님에게 어울려야 할 텐데' 라는 말을 하더라고 현이 어머니는 미소를 지었다. 세상에서 하나뿐인 선물을 받았는데 이런 상황에 고맙다는 말을 전해 달라고 할 수도 없는 노릇이었다.

현이 어머니는 영을 데리고 가서 키울 생각이라고 했다. 영이 어머니가 자신이 추해지는 모습을 보이고 싶지 않아 그렇게 원한다고 한다. 아직 어린데 많이 혼란스러워할 것 같아서 걱정이라고 했더니 현이 어머니는 대답 대신 그제야 물 한 컵을 들이켰다. 넓은 평수의 아파트에서는 가정부가 영이 어머니와 당분간 지낼 거라는 말과 함께 깊은 한숨을 내쉬었다.

"대가 귀한 집안인데도 좀처럼 아이가 생기지 않는다고 하더군요. 그 와중에 현이 생기고 우린 헤어질 수 없었어요. 못 할 짓인 줄 알았지만 배 속의 아이를 지울 수도 없고 해서, 살림을 차린 후에 영이 엄마가 임신한 걸 알았습니다. 하긴 일찍 알았어도 헤어지는 건 어려웠을 거예요. 어쩌겠어요. 형님이 저렇게 된 이상 영이 제가 책임져야죠. 죄 씻을 기회인가 싶어요. 현이 아빠는 불안하다고 요양병원에 보내자고 하는데 거긴 들어가면 못 나오는 곳이잖아요. 차라리 집에 더 있다가, 혹시나 나아질 수도 있을지 몰라서요."

나 스스로 알아내야 할 정답을 이제야 들었다. 영이 어머니는 말이 없고 조용한 본처였다.

아직은 아이라도 알아볼 수 있을 때 조금 더 같이 사는 것이 낫지 않겠냐고 내 생각을 전했다. 못 알아보는 우리 아버지를 그려보다 잠시 잠깐 들었던 그 생각이 현이 어머니에게는 이해 못 할 조언이었는지 아이가 위험해지면 어쩌냐는 답이 쉽게 튀어나왔다.

가스 불도 제때 끄지 못해 음식을 태우는 것이 다반사고, 밤늦게 현관문을 활짝 열고 나가 새벽까지 들어오지 않을 때도 있었다고 나를 이해시켰다. 그 조용한 양반이 어느 날은 가정부 아주머니가 구부리고 앉아 걸레 질을 하고 있을 때 엉덩이를 걷어차 팔꿈치에 금이 갔다고도 한다. 순간 나는 영이 어머니에게 가정부가 현이 아버지로 착각했을지도 모른다고 생각했다.

"영이 다칠지도 몰라요."

진심 어린 말임을 알 수 있었던 것은 현이 어머니의 눈가가 바르르 떨렸기 때문이었다. 일주일 안에 아이를 데려가겠으니 학교생활 잘 부탁한다는 말을 남기고 현이 어머니는 고해성사를 한자리처럼 무거운 의자를 뒤로 밀치고 일어났다.

'아이가 다치게 하지는 않으실 겁니다. 우리 아버지도 그러셨으니까요.'

전하지 못했지만, 마음속으로는 수도 없이 내뱉은 말이었다.

6장 - 유리 벽

시끌벅적한 나라의 잔치가 막을 내리고 2000억 원이 넘는 흑자를 기록했다는 내용과 사마란치 위원장의 '서울 코리아' 장면이 채널을 돌릴 때마다 브라운관을 장식했다. 앞으로 절대 잊히지 않을 것 같은 호돌이와 굴렁쇠 소년도 아이스크림 광고보다 더 익숙해졌다.

종합 4위라니 너무 높은 순위라서 다음 올림픽 때 성적이 걱정이라는 교장 선생님의 말씀이 옳긴 했다. 금방 끓고 식어버리는 민족의 냄비 근성에 대해 전부터 자주 말씀하신 터라 이때다 싶은 그분의 긴 사설은 화장실을 가고 싶은 나를 꼼짝없이 붙들어 놓았다.

"바로 식더라도 끓을 수 있다는 게 어딥니까." 교감 선생님의 한마디로 일단 종결되었다.

같은 시간 같은 방향에서 등교하는 영, 현이 따로 걸어오는 것을 보았다. 달라진 환경 때문에 영이 시무룩할 줄 알았는데 현이 역시 혼란스러운지 전혀 다른 옷을 입고 있는데도 얼굴에는 둘 다 웃음기가 전혀 없었다. 하루가 그 아이들에게 길고 무료한 시간 같았다.

이런 경우의 담임을 맡은 교사가 많지는 않을 테지만 나는 따로 조언을 구하지 않았다. 이제는 두 집 살림이 문제가 되는 것이 아니라 영이 어머니의 치매라는 병이 나에게는 화두가 되어있기 때문이었다.

분명히 바뀌었을 것 같은 그 아이들의 도시락이 궁금했지만, 왠지 확인하고 싶지 않았다. 영이 어머니가 교문을 박차고 들어와 괜찮아졌다고 딸을 데리고 가는 상상을 하며 바라본 하늘은 빛을 사정없이 퍼붓고 있었다. 눈을 비비다가 여전히 새하얀 학교 담벼락을 눈에 담았다. 언제쯤 두 아이가 미간을 찡그리며 똑같은 모양으로 철봉에 매달려 있을지 기다리는 것이 내가 할 수 있는 일 중 하나였다.

"선생님, 이제 점심 같이 안 먹어요?" 영이 물음에 잠시 망설였다.

"같이 먹고 싶어?" "네."

도시락을 싸 오는 날이 제법 흘러서 나도 이제는 반찬 걱정은 하지 않지만, 웬일인지 이 두 아이와 점심을 먹으려니 신경이 쓰였다. 어머니가 양계장에서 마지막으로 가져온 달걀로 아버지는 탕을 끓여주셨는데, 그 맛이 어머니를 잃은 딸로서 무색할 만큼 맛있어서 내가 제일 좋아하는 음식이 되어버렸다. 다음날 나는 보온 도시락에 달걀을 푼 탕을 끓여 왔다.

두 아이의 도시락은 갖은 채소와 소시지, 햄 등이 가득했다. 골고루 색을 맞춰가며 반듯하게 담겨 있었다. 현이 어머니는 영이 어머니가 해주었던 것보다 더 알차게 도시락을 꾸민 게 분명했다. 둘은 누가 먼저라 할 것 없이 자기 반찬 그릇을 중앙에 놓았다. 거기에 내가 끓여 온 탕도 함께 어울렸다. 영은 아파트보다 지금의 집이 공기가 맑다고 했다. 현이 덩달아 큰집 아파트가 더 깨끗하고 좋다고 말했다.

"기와집은 공기가 맑고 아파트는 살기가 편하단다." 간단명료하게 선을 그어주었다. 이제는 함께 살아야 할 이 아이들에게는 어디가 더 나은 곳인지 선택할 권리가 없음이 지금의 현실이었고 바꿀 수 없는 사실이 되어있었다.

"엄마 아픈 곳이 나으면 한옥으로 이사하자고 할 거예

요."

영이 아직 어머니의 병에 대해 자세히 알지 못한다는 사실이 그날 내 소화기관을 찔러댔고, 한 시간 후 손가락을 따야 했다. 어린 시절 어머니의 병을 이해하지 못해 괜한 희망을 품었던 그때가 생각나 서너 번 등을 두드려야 했다. 며칠 뒤면 나는 또 늙고 병든 아버지를 보러 갈 터이고, 저 아이들은 같은 아버지 아래서 서로를 확인하며 생활에 익숙해질 것이다. 앞으로는 같은 옷을 같은 날 입지 않으려고 난리를 피우지 않아도 된다. 넓은 평수의 아파트는 더 조용해지고 화려한 기와집은 전보다 시끄러워질 것이다.

"현이 엄마 있잖아, 내년 가정방문 때는 선물 두 개 준비하겠네? 똑같은 건 좀 그럴 거야, 그치?" 옆에서 김 선생이 묻는다. 이 집안의 자세한 내막이 더 궁금해진 모양인지 며칠째 캐묻는다.

시간이 흐르고 현실을 받아들이게 되면 영이 요양병원에 병문안을 갈 것이고, 나처럼 그 길고 긴 터널 같은 복도를 지나 못 알아보는 어머니 앞에서 엉엉 울지도 모른다. 어쩌다 알아보는 어머니에게 왜 그러냐고 투정 부릴지도, 앞으로 몇 년을 더 버틸지 알 수 없는 어머니를 어느 날부터 원망 섞인 눈으로 바라볼지도 모른다. 돌아오는 길에 눈부신 하늘이 그 아이 눈을 비벼줄 것이다. 기억을 잃어버리는 병이 얼마나 마음 아픈 것이라는 것을 알게 될 때는 이미 숙녀가 되고 난 후일 수도 있다.

　두 아이는 친구들과 함께 운동장에서 뛰어놀고 있었다. 무슨 놀이를 하는 모양인데 사이는 좋다. 뭐라고 중얼거리는 영에게 현이 고개를 끄덕여 보이는 것을 나는 지켜보았다. 그리고 귓속말로 한참을 속삭인다. 어머니가 아픈 것은 슬픈 일이지만 어쨌든 동생과 함께 사는 환경 속에는 익숙해지는지 전보다 더 잘 어울린다. 수다도 늘고 자주 웃는다. 조용한 아파트에서 대화 상대가 없어서 말수가 줄었을 수도 있다.

　하교 때는 현이 어머니가 데리러 온다. "우리 아이들 별일 없었죠?"라고 늘 묻는데 그럼 나는 "티격태격하다 말다가. 사이좋게 잘 지내요."라고 대답한다. 사실이고 변함이 없다.

　형님이라고 부르는 여자의 아이에서 우리 아이들로 바뀌는 이 현실의 유리 벽과 나를 알아보지 못하는 아버지와 나 사이의 유리 벽, 앞으로 알아보지 못할 영이 어머니와 그 가족들의 유리 벽은 분명히 다르다. 하지만 당장 깨부술 수 없고 보일 듯 말 듯 한 이 벽으로 인해 영이, 현이, 그 어머니들도, 나도, 그 보호자도, 아무것도 모르는 우리 아버지도, 기쁨과 슬픔을 번갈아 보게 될 것이다. 약간은 굴곡져 보일 때가 있을 것이고 비추는 것으로도 만족할 날이 있을 것이다.

　갑자기 기와집이 싫어지고 집이 그리워질 때도 영은 새어머니를 따라가게 될 것이고 그 집에서 지내야 한다.

어느 날 팔자타령을 하며 남의 자식을 키우는 자신이 싫어져도 영을 친자식처럼 현이랑 같이 곱게 차려 입혀야한다. 그러면서 아옹다옹 티격태격 옥신각신 그렇게 살아갈 것이다.

"선생님, 가정방문 한 번 더 오세요. 그때 금방 가셨잖아요. 엄마 병 나으시면요."

말을 건네고 부끄러운 듯이 냉큼 뛰어나가는 영의 새신발이 공주풍이다.

화합의 올림픽은 막을 내렸지만, 기와집의 화합은 이제 시작되었다.

교실 창문 너머로 대성 이발소의 빨강과 파랑이 빙글빙글 돌아간다. 우리 모두의 삶처럼. 때로는 빨갛게, 때로는 파랗게, 끝없이 돌아가며 서로를 비춰주는 것처럼 쉬지 않고 돌아간다.

그 회전하는 색깔들 사이로 투명한 무언가가 스며든다. 보이지 않지만, 분명히 존재하는, 우리를 둘러싼 유리 벽처럼.

김주하 소설가

70년생 전남 광주 거주
서울 사이버 디지털 대학교
'문화예술 경영학과' '문예 창작과' 전공
전라남도 도청 농업기술원 원예연구소 재직
문학고을 신인문학상 수상
문학고을 등단 소설 부문
공저
문학고을 "종합문예지 청목" 참여
이메일 : seehee_2000@nate.com